学校课程发展丛书

丛书主编　李正　杨四耕

品牌培育与学校课程

段立群　主编

华东师范大学出版社

图书在版编目(CIP)数据

品牌培育与学校课程/段立群主编. —上海:华东师范大学出版社,2019

(学校课程发展丛书)

ISBN 978 - 7 - 5675 - 9372 - 5

Ⅰ.①品⋯　Ⅱ.①段⋯　Ⅲ.①中小学−课程建设−研究

Ⅳ.①G632.3

中国版本图书馆 CIP 数据核字(2019)第 182956 号

学校课程发展丛书

品牌培育与学校课程

丛书主编　李　正　杨四耕
本书主编　段立群
策划编辑　刘　佳
项目编辑　林青荻
特约审读　耿文菲
责任校对　黄　燕
装帧设计　卢晓红

出版发行　华东师范大学出版社
社　　址　上海市中山北路 3663 号　邮编 200062
网　　址　www.ecnupress.com.cn
电　　话　021 - 60821666　行政传真 021 - 62572105
客服电话　021 - 62865537　门市(邮购)电话 021 - 62869887
地　　址　上海市中山北路 3663 号华东师范大学校内先锋路口
网　　店　http://hdsdcbs.tmall.com

印 刷 者　上海锦佳印刷有限公司
开　　本　787×1092　16 开
印　　张　13.5
字　　数　212 千字
版　　次　2019 年 9 月第 1 版
印　　次　2020 年 9 月第 3 次
书　　号　ISBN 978 - 7 - 5675 - 9372 - 5
定　　价　39.00 元

出 版 人　王　焰

丛书编委会

主　编
李　正　杨四耕

成　员
李　正　杨四耕　田彩霞　王德峰
高德圆　胡培林　李荣成　曹鹏举
段立群　张燕丽　孙　鹏　张元双

本书编委会

主　编
段立群

副主编
张燕丽　孙　鹏

编　委
侯清珺　李艳艳　侯晓红　石艳君　弓书玉　张丽娟
段立群　张燕丽　孙　鹏　高旭艳　鲁　军

丛书总序

课程改变，学校改变

学校课程变革有三种形态：一是 1.0，这种形态的课程变革，以课程门类的增减为标志，学校会开发一门一门的校本课程，并不断增减；二是 2.0，这种形态的课程变革，学校会围绕某一特定的办学特色或项目特色，开发相应的特色课程群；三是 3.0，此种形态的课程变革，学校课程发展以多维联动、有逻辑的课程体系为标志，这是文化创生形态的课程变革。

学校如何迈进 3.0 课程变革？我们在郑州市金水区中小学与幼儿园进行了多维度的探索与实践，得出了一些规律，有了一些感悟和体会。

1. 家底清晰化：很多时候起点决定了终点

发展是既定基础上的再提升，学校课程深度变革必须清晰"家底"。根据各种不同的办学基础给学校课程发展准确定位，是迈向 3.0 的学校课程变革所面临的首要任务。我们运用 SWOT(强项、弱项、机遇、危机) 分析，对学校的地理环境、在地文化、政策环境、课程现状、行政领导、学生需求、教师现状等因素分别进行 SWOT 分析，把握学校课程发展的优势与问题所在。同时，我们注重课程发展思路的研究，把破解影响当前学校课程发展的热点、难点问题，特别是制约课程发展的重大问题，贯穿于调研过程的始终，以增强课程发展情境研究的宏观性、针对性和实践性，以准确合理的目标体系引导学校课程变革，切实做到清晰把握学校课程发展的"起点"。须知，很多时候起点决定了终点。

2. 愿景具象化：让课程哲学映照鲜活的实践

课程愿景是学校课程使命的具象，是与学校教育价值观联系的、可以调动师生情感的图景。如果说，目标提供过程的满足，那么愿景则提供事业的动力。推进学校课程深度变革,我们需要明确学校的课程愿景,并将课程愿景具象化。学校可以用具象化的方式想象课程、观察课程、思考课程、分析课程、建构课程。当我们在与师生沟通的时候,要善于用具象化的愿景去说明学校课程究竟是为什么、是什么以及怎么做。我的体会是:"课程即品茶,需哲思;课程即吟诗,需想象;课程即力行,需实践。"人们总是会被伟大的愿景所感动。校长要善于把抽象的东西表现得具体些,把看不见的、不容易理解的东西变得看得见、容易理解,让学校课程理念带着一股清香,透着一种诗意,变成激发师生的动力和情愫。推进学校课程变革,您所要做的便是找到大家信奉的课程哲学,并用课程哲学映照课程变革实践。

3. 结构图谱化:改变课程的碎片化格局

如果把课程视为书本,孩子们可能会成为书呆子;如果把课程视为整个世界,孩子们可能会拥有驾驭世界的力量。为此,每一所学校都应致力建构丰富的"课程图谱"。按照一定的逻辑,理顺学校课程纵向与横向关系是学校课程变革需要审慎思考的问题。在横向上,如何将学校课程按照一定的标准进行合理地分类;在纵向上,如何将学校课程按照年级分为不同层级,努力形成一个适应不同年龄阶段的孩子的课程阶梯。具体地说,在横向上,重构学校课程分类,让孩子们分门别类地学习把握完整的世界之格局;在纵向上,强调按先后顺序,由简至繁,从已知到未知,从具体到抽象,保持学校课程的整体连贯。这样,我们就可以形成天然的、严密的学校课程"肌理",让课程有逻辑地、立体地"落地",这样有利于克服课程碎片化、大杂烩问题。

4. 类群聚焦化:聚焦核心素养建构课程群

类群聚焦化,也就是围绕核心素养建构课程群。什么是课程群?课程群是以特定的素养结构为目标,由若干门性质相关或相近的单门课程组成的一个结构合理、层次清晰、彼此连接、相互配合、深度呼应的连环式课程集群。课程群是一种思维,是一种工具,是一种面向碎片化课程的思维方法和操作工具。随着核心素养的倡导,课程改革越来越要求考虑学生素养发展的完整性,课程群构建已成为中小学深化课程改革、优化课程设计的一条有效途径。中小学构建课程群需要关注四点。首先,聚焦目标。聚焦核心素养,聚焦育人目标,聚焦课程目标,是课程群建设的首要原则。课程群建设必须密切关注学生的核心素养,优先发展对某项目标具有关键的支持作用的课程。其次,建构链条。也就是确定课程群内各门课程的相关性,课程之间纵向衔接与横向联系,以及自成体系。再次,组合搭配。课程群是具有关联关系的课程之组合与搭配。在涉及课程序列的安排上,关键是要找到"课程时序"上的衔接点,即根据学时的配比度与开课时序,各门课程在整体中的位置、地位和作用,从系统的观点出发来安排课程。通过标明课程之间的内在关系、课程开设的先后顺序、课程时量等逻辑关系来描述课程之间的内在关系,经过这样的组合搭配,有助于揭示课程之间的重复、脱节、断线和时序安排上的不合理现象。最后,整合优化。课程群是一个基于特定目标而组织化了的课程系统,仅仅把几门有逻辑联系的课程召集一处,只是一个"课程集合"。只有课程间完成了相关整合,成为一个体系,实现课程功能的优化,才能称之为"课程群"。因此,课程群建设应将重心放在相关课程之间内容的整合以及功能的优化上。

5. 内容整合化:还原完整世界的真实面貌

课程是浓缩的世界图景。3.0的课程是富有统整感的课程,是多维连结与互动的课程。不论是学科课程的特色化拓展,还是主题课程的多学科聚焦,都应尽可能回到完整的世界图景上来,努力将关联性与整合性演绎得淋漓尽致,让孩子们领略"世界图景"的完整结构。一般地说,课程整合有两种常见方式:一是射线式整合,即以学科知识为圆点,根据知识的内在逻辑联系而进行多维拓展与延伸;二是聚焦式整合,即以特定资源为主题,多学科、多活动聚焦,以加强孩子们与社会生活的多学科关联与整合。从表现形式来看,既有学科内统整,又有学科间统整;既有跨学科统整,又有学科与活动统整,以及校内与校外统整等。

6. 操作手册化:让课程变革变得易于操作

学校课程变革应是多维主体参与的变革。如何让师生参与、家长参与,是需要一套可以清晰告知如何操作的课程资料来指导的。我们倡导的学校课程指南就是学校课程手册化的一种做法。一所学校的课程指南包含如下内容:学校简要介绍、学校课程理念、学校课程目标、学校课程图谱、学校课程项目(将每一门课程的纲要精炼地呈现出来)。

7. 实施立体化:整个世界都是教室

英国课程学者斯基尔贝克说:"设计课程的最佳场所在学生和教师相处的地方。"的确,我们让孩子们采用多样的、活跃的学习方式,如行走学习、指尖学习、群聊学习、圆桌学习、众筹学习、搜索学习、聚焦学习、触点学习、实作学习、仪式学习……但凡孩子们在生活世界里精彩纷呈、活跃异常的"做事"方式,都是课程实施与学习的可能方式。须知,课程实施不仅仅是那些概念化了的"自主、合作、探究"。杜威说:"一切学习来自经验。"实践、沉浸、对话、互动、参与、体验是课程最活跃、最富灵性的形式,也是课程实施的最重要方法。重视孩子们直接经验的获得,让孩子们亲近自然,走进社会,通过一系列的实践活动,扩充和丰富孩子们的经验和见识,是 3.0 课程的重要表征。

8. 经验模型化:有逻辑地推进学校课程变革

一所优质学校应该有自己的课程模式,应该建构基于特定课程哲学而组织化了的课程系统,将各课程有机地结合成一个联系紧密的、有逻辑的育人图景。学校课程哲学、课程结构、课程功能、课程实施及课程管理与评价是课程模式不可或缺的构成要素。其中,学校课程哲学是课程模式的灵魂,课程功能和课程结构框架是课程模式的主体内容,课程实施是课程模式的必要落实,课程管理与评价是课程模式的基本保障。建构学校独特的课程模式,是由学校内涵提升与特色发展的要求所决定的。学校课程变革要运用系统思维把自己的经验模型化,形成自己独特的课程模式。一所学校构建了自己的课程模式,并有逻辑地推进课程变革,学校课程发展就会出现不一样的格局,学校发展就会呈现不一样的态势。在郑州金水,我们看到的结果是:课程改变,学校改变;课程灿烂,学校灿烂!

学校课程发展丛书是郑州市金水区教育体育局和郑州未来教育研究院以及全国品质课程联盟团队通力合作的成果,是"品质课程"区域探索与实践的又一个成功例证。

祝愿金水教育的明天更灿烂!

杨四耕

2019 年 7 月 5 日于上海市教育科学研究院

目　录

第一章　品牌定位：学校课程发展的凝思　/1

学校自身发展定位对学校品牌培育十分重要，而课程作为打造学校品牌的"生命线"，是一个学校落实育人目标和打造学校品牌的出发点和落脚点，只有明确了课程的发展定位，学校品牌培育才具有了明确的方向和目标。世界上没有两片完全相同的树叶，同理，世界上也难以找到两所同样的学校，每一所学校都应该有自己的品牌定位。品质课程建设之路即课程发展寻根觅源、塑形铸魂之路，即课程发展深度建构、蓬勃生长之路，也即以课程为支点催化学校教育发展的变革之路。学校应依据当下的设施资源、师资水平、办学特色等，结合专家和教育部门的意见，明确学校的发展定位，并以此为根基促使特色课程的建设与开展，凝聚师生内在生长的力量，让师生成为课程建设共同创生者，共同塑造学校品牌，成就学校可持续发展。

十年树木，百年树人。学校精神的形成不是一朝一夕就能完成的事情，它要在长期的办学过程中，经受无数次洗礼凝结而成，是学校气质的体现，是学校文化的灵魂，是学校课程发展的内核。一所学校的精神要为全体师生所认同，要和学校的文化传统、价值观念和行为习惯等方面相契合，要在坚持并弘扬传统的基础上创新发展，取其精华，去其糟粕，要结合时代特色，不断地开拓、发展和创新。一所学校的学校精神不仅仅体现在学校的办学理念、校风校训、文化氛围及全体师生的精神追求上，更反映在学校课程建设上。学校精神通过课程潜移默化地熏陶着师生的行为举止与精神面貌，通过课程润物细无声地滋润着师生的生命成长。

第三章　愿景描绘：学校课程发展的途径　／69

愿景是在一定的视野下所看到美好的幻象。课程愿景解答了"课程应该是什么样"的问题，蕴含着学校的课程哲学思想，体现的是当下教育发展对课程的条件支持和理想期待，包括"人文愿景、文化愿景、社会愿景、国家愿景、生态愿景"五个方面的愿景，大致符合"呈现真实情境、引发自主行动、激活综合学习、导向开放结果"四个方面的要求。作为校长或教师，实施课程领导，无论是进行课程规划、选择课程主题、开发校本课程，还是进行课程设计、选择教学资源，都必须对课程的样态有自己的认识。让学生站到课程的正中央，让课程凝聚学生内在生长的力量，让学校成为梦想起飞的场地。

第六章　面向未来：学校课程发展的追求　　/ 167

　　社会在飞速发展,时代在不断进步,我们的教育归宿是什么? 未来的教育何去何从? 陈鹤琴先生的"活教育"思想认为教育所要达成的最终目的是"做现代的中国人",因此学校应始终坚持以发展的眼光看教育,既要有现实意义,也要具有面向未来的学习、社会适应及终身发展的眼光,培养未来人才,帮助学生修炼卓越的品性、能力和素养,使其能够自信立足于将来的社会。做好现在,未来已来。学校要思考和处理课程开发中的课程内容选择与组织问题,切实做到知识、社会和学生三者兼顾,为学生的明天做好准备。课程是筑梦的过程,架起理想的桥梁,拉近现实与未来的距离,课程为孩子们打开认识世界的大门,带孩子们经历美好幸福的学习之旅,助力每一个孩子成为追梦的人。

前　言

时代在发展,在一次次思潮的洗礼后,特别是新一轮基础教育改革以来,我国教育正在深化综合改革,促进教育转型、优质、均衡、创新、特色和协调的发展,全面提升教育现代化品质。当代著名教育家朱永新在所著《新教育之梦》一书中说道:"理想的学校,应该是一所有特色的学校,应该是一所有品位的学校,应该有一个富有人格魅力、有远大理想的校长;理想的学校,应该有一支创新型、有活力的教师队伍;理想的学校,应该是有一批善于探索、具有良好习惯的学生……"基于此,教育品牌化描绘的是一种有理想、有价值、有创意、有职业归属意义的教育生活愿景。

一所学校的办学质量、品牌影响力、学校风气等,很大程度上取决于学校课程建设。学校课程建设与品牌培育之间的关系是相互影响的,很难道明孰轻孰重。学校课程作为学校业务内核,为教学实践层面的有效开展提供保障,而学校品牌作为学校文化的积淀,成为学校发展和推广的领航者,二者相辅相成,共同促进学校更好地完成育人目标。

探本溯源立根基——课程发展的基调

学校的品牌定位是一所学校发展的方向,如果没有方向的引领,那么学校的发展毫无定序,课程建设也缺乏指向,更无品牌培育可言。学校应该结合教育部门和社会有关方面提出的要求,分析目前办学发展机遇和走向,秉持学校办学理念,认清自身的优势和劣势,确定品牌培育的最佳突破口,以此来促进学校的品牌发展。学校的发展定位一旦确定,那么学校的各种财力、物力、人力等重要资源将集中倾向于学校发展定位的方向,这种导向性具有很强的吸引力,能够促使校领导、师生齐心协力,激发他们的积极性和创造性,学校借助这一平台继续扩大规模,得到更多方面的支持,使得学校的品牌稳定可持续地发展。

一所学校的精神是学校品牌的精髓,是办学理念的结晶,是一所学校最有价值的部分,学校精神是经过长时间磨炼而成的,是一所学校无形的财富,也是一所学校的核心竞争力。学校在把握学校发展史、社会环境以及公众需求的基础上,结合现代教育理念和价值追求,形成自己的学校精神。学校精神并非仅仅停留在观念层面上,仅仅成为一个空谈的范本,而是必须要对学校发展、师生学习工作有切实影响,学校的课程建设也要遵循和依托学校精神,结合学校精神和办学理念,将育人的目标落实在教学上,释放在课堂上。这样,学校才能在精神的引领下,稳定持续的发展,深入到学校办学的各个实践层面。

横看成岭侧成峰——特色课程的和而不同

办好每一所学校,教好每一个学生,为每个学生提供适合的教育。好就好在适合。而适合的前提是有选择、可选择。有选择,才有适合可言。整齐划一,统一安排,就没有适合,就不可能好。从学校特色走向学校品牌是需要不断提炼、不断升华的,因此确立学校品牌是学校实现高水平特色发展的标志。既然是特色,那么必然有别于其他学校,无论是办学目标、办学条件、办学策略、课程设置等方面都有其独特之处。因此,对于一所学校而言,学校特色赋予学校的机遇与挑战会促使学校朝着目标向前推进,围绕"特色"形成有效的课程内部网络,完善课程设置,使学校的"特色"朝向"品牌"迈进。但是需要注意的是,学校的课程建设不能为了特色而特色,不能为了创建特色而折腾特色,而应该仍以学生为中心,以促进学生的全面发展和个性化成长为抓手,"特色"是为育人服务的,促进学生的综合素养和关键能力提升,让学生做最好的自己,成为社会最需要的人才,这才是特色办学的重中之重。

新课程把"活动"纳入课程体系,改变了以往单一学科化的课程设置,开展自主性、选择性、多元性、持续性的活动,使学校课程体系更趋合理,有利于培养目标的落实。活动课程具有以下优点:第一,重视学生的需要与兴趣,尊重学生的主体性,有利于学生学习的主动性、积极性的发挥;第二,强调教材的心理组织,有利于学生在与文化、与科学知识的交互作用的过程中,获得人格的不断发展;第三,强调实践活动,重视学生通过亲身体验获得直接经验,有利于培养学生解决实际问题的能力;第四,重视课程的综合性，主张以社会生活问题来整合各种知识，有利于学生获得对世界的完整认识。

鱼翔浅底竞自由——课程发展空间的开阔

学校愿景的构建意味着学校有了创新与发展的灵魂，使学校充满了创新的活力，进而提升学校的品质，提高教育教学质量。学校提出和制定清晰的、睿智的、具有教育家精神的愿景，是有效进行战略领导的一个前提条件。美好的课程愿景应该充分彰显课程与人、课程与文化、课程与社会、课程与国家、课程与课程等诸多矛盾之间良性互动的关系，把课程真正建基在对于人性的深刻洞察、文化的全面领悟、社会的和谐发展、国家的文明进步以及课程本身的动态平衡等等之上。换言之，美好的课程愿景不仅从广度更是从深度上丰富了课程、创生了课程、解放了课程。

未来，意味着教育的"高品质"；未来，意味着教育的"现代化"。教育的首要目标是培养学生形成伴随其未来一生的能力，面向未来，基于学生发展的学校教育应该在哪些方面着力？袁振国教授指出，学校发展应基于几项重要的任务：一是课程的选择，通过课程的设置让个性化的教育变成现实；二是主动性学习，推动学生"自主学习、合作探究、自我展示"；三是多元评价，"让每个人的特点成为他的亮点"，让不同的人得到最好的发展；四是自主性活动，特别是要关注学生社团建设；五是转变教师的角色，从知识的传授、技能的培养回归到人的教育上，从可替代的工作中脱身，从事更复杂、更富有情感、更有艺术、具有心灵教育特征的工作。

总之，"育人"是教育的根本使命，是教师的根本职责，是学科教学的根本价值。"育人"的目的需要通过课程加以落实，以实现培养全面而有个性发展的学生。当学校普通课程无法满足培养学生全面而个性发展需要的时候，学校应该考虑是否应该改变传统的课程结构，探讨新的课程规划，提供内容更加丰富合理的课程群，为适应学生个性差异，赋予学生在学习上更多的自主选择权，引导和促进学生个性生动地发展，而基于此的学校课程变革也将推动学校品牌的培育和发展，促使学校品牌高质量的可持续发展。本书介绍了学校品牌定位、精神凝练、愿景描绘、特色培植、活动凸显、面向未来六个方面对学校课程发展的助力，从而推动学校的品牌发展。

第一章

品牌定位： 学校课程发展的凝思

　　学校自身发展定位对学校品牌培育十分重要,而课程作为打造学校品牌的"生命线",是一个学校落实育人目标和打造学校品牌的出发点和落脚点,只有明确了课程的发展定位,学校品牌培育才具有了明确的方向和目标。世界上没有两片完全相同的树叶,同理,世界上也难以找到两所同样的学校,每一所学校都应该有自己的品牌定位。品质课程建设之路即课程发展寻根觅源、塑形铸魂之路,即课程发展深度建构、蓬勃生长之路,也即以课程为支点催化学校教育发展的变革之路。学校应依据当下的设施资源、师资水平、办学特色等,结合专家和教育部门的意见,明确学校的发展定位,并以此为根基促使特色课程的建设与开展,凝聚师生内在生长的力量,让师生成为课程建设共同创生者,共同塑造学校品牌,成就学校可持续发展。

乐享课程：让每一个孩子找到幸福的感觉

学校的"乐享教育"办学思想主张快乐、共享、以人为本的核心文化,在这一思想的引领下,把"乐享课程"作为打造学校品牌的落脚点。"乐享课程"以"在这里,让每一个孩子找到幸福的感觉"为课程理念,让每一个孩子在学习中体验快乐,在多元、丰富的课程滋养下共享成长的幸福。在这里,课程即生命场景、课程即个性张扬、课程即幸福寻绎、课程即快乐享受。学校以立体多元的课程实施与学习方式,给学习生活注入快乐元素,促使师生活泼、主动地发展,共享成长之幸福旅程。

"芳菲桃李春成海,廊庙才华凤集桐"。在九州通衢的中原腹地郑州市有一所近百年的学校——郑州市金水区文化路第一小学。她历经岁月的洗礼和文化的积淀,在代代教育人的不懈努力下,已发展成一所大规模的现代化学校。这里教泽绵长、桃李芬芳。金水区文化路第一小学始建于 1927 年,是冯玉祥主政河南期间大力发展教育,废庙建校而来。学校占地 10 800 m^2,在职教师两百余名。学校以"以文化人,知行合一"为校训,以"乐享教育"为教育哲学,围绕"仁、礼、智、和、艺于一体的文一少年"的育人目标,着力进行课程建设,构建了"乐享课程"体系。学校先后获得国家优秀少先队大队、全国青少年五好小公民主题教育先进单位、河南教师发展学校、河南人民最满意十佳学校、河南省田径传统项目学校、河南省美术课程陶艺教学试验基地、河南省综合实践活动课程样本学校、河南省书香校园、河南省优秀少先大队等荣誉称号。

第一部分　学校课程哲学

学校课程是对办学思想的具体反映,是学校育人目标的具体化支撑,所以学校的课程哲学基于学校以下教育哲学。

一、学校教育哲学

在长期的历史发展过程中，学校形成了"以文化人，知行合一"的校训。在新时期，"以文化人"不再是单一的教化，而应该是教与学的统一。不再是毫无情感的被动接受，而应该是愉悦的体验和创造，正如孔子曰"学而时习之，不亦悦乎"。传承优秀文化基因，适应新时期教育发展的需要，学校确立了"乐享教育"这一教育哲学。"乐享教育"的"乐"即快乐，"享"即共享。"乐享教育"就是倡导用快乐心态共享生命精彩的教育。

"乐享教育"是快乐的教育，致力于教师快乐地教，学生快乐地学。倡导教师以教育为赏心乐事，如孟子所言："得天下英才而教之，三乐也"。教师在教育中获得自我价值实现的愉悦，享受教育的乐趣。倡导学生在成长的过程中拥有快乐的心态，乐观豁达地面对挫折与磨难，坚守信念，坚定意志，冷静思考，不言放弃。

"乐享教育"是共享的教育，致力于师生共享成长的幸福。倡导把师生关系营造成师生共享成长幸福的关系。教师和学生是命运共同体，彼此成就，共享温暖，教师成就了学生的同时也幸福了自己。

"乐享教育"是以人为本的教育，倡导教师与学生建立和谐的教育关系，重视教学活动中师生的互动与对话，关注情感的传递，促进学生积极主动地完成学习任务。

我们坚信，快乐是学习原动力；

我们坚信，学校是分享快乐的地方；

我们坚信，过幸福快乐的教育生活是最美的；

我们坚信，让生命幸福成长是学校教育的神圣使命；

我们坚信，让每一个孩子做精彩的自己是教育最舒展的姿态。

快乐可以最大限度地调动起孩子的求知欲、创造欲和自信心。拥有快乐的心境，才能拥有直面挫折与磨难的勇气，才能坚守信念，执着前行。学校是个"家庭"，快乐需要分享，在和谐的家庭中，分享幸福，彼此成就，才能共同成长。学校作为师生共同成长的乐园，应当为师生创造幸福，并一起感受幸福、记录幸福，促使师生活泼、主动地发展，过一种幸福快乐的教育生活。让生命成长是教育的责任，而关注生命成长中的追求和愿望，让生命幸福成长是学校教育的神圣使命。让每一个孩子努力做精彩的自己，展现优秀特质，活出自我，在学校百花园中绽放自己的一抹亮色。

二、学校课程理念

基于上述教育哲学,学校确立了"在这里,让每一个孩子找到幸福的感觉"这一课程理念,并构建了"乐享课程"模式。旨在让每一个孩子在学习过程中都能体验快乐,在学校多元、丰富的课程滋养下共享成长的幸福。我们期望,每一个孩子在学校积累快乐,共享幸福。"乐享课程"有如下主张:

——课程即快乐享受。学校开发学生喜爱的课程,设置学生喜欢的课程形式,从而给学习生活注入快乐元素,培养学生快乐的情绪和享受人生的生活态度;

——课程即生命场景。课程是学校提供给学生生命成长的教育教学活动的总和,学校建设的场馆、营造的育人氛围都为学生的生命成长提供了课程场景;

——课程即个性张扬。每一个生命都是有个性的存在,根据学生的发展,开设学生需求的、可选的、个性张扬的课程是对每一个有个性的生命的尊重;

——课程即幸福寻绎。课程是生命与幸福的相遇,通过让学生去发现、去体验、去探究、去创造,从中发现幸福的真谛。

第二部分　学校课程目标

课程目标的设置应基于学生发展核心素养,应服务于学校育人目标的达成,金水区文化路第一小学撷取九十年发展历史精华和中国传统文化精髓,着眼于未来的人才培养标准,确定了学校育人目标。

一、学校育人目标

基于学校教育哲学、办学理念、学生发展需求,确立学校育人目标为:培养"仁、礼、智、和、艺于一体的文一少年"。"仁"是指有爱心,会合作;"礼"是指明礼仪,讲诚信;"智"是指会学习,能创造;"和"是指爱运动,勇担当;"艺"是指有才艺,会审美。

二、学校课程目标

基于上述育人目标,我们确立如下分年段的课程目标(见表1-1)。

表 1-1　金水区文化路第一小学课程目标表

育人目标＼课程目标	低年级	中年级	高年级
仁：有爱心 会合作	初步形成爱班级、爱学校、爱父母、爱老师的真实情感。学习日常家务劳动，初步体会劳动的快乐。能在教师的指导下进行简单的分工与合作。	形成爱集体、爱家乡、爱祖国的情感，懂得尊敬师长、友爱同学；学会日常家务劳动，有积极参与集体劳动的服务意识，并认识到劳动的意义，体会劳动的快乐。能在同伴的协助下，通过分工合作参与志愿服务。	热爱集体，热爱家乡，热爱国家，热爱大自然，尊敬师长，友爱同学，有助人为乐的精神。熟练掌握日常生活技能，主动参与劳动实践体验，热心公益事业。能根据日常需要进行合作劳动，体验合作的快乐。
礼：明礼仪 讲诚信	掌握低年级段课程标准规定的要求，培养良好的学习及生活习惯。遵守学校的日常行为规范，能根据"五级音量表"的要求，在不同的活动区域使用合适的音量；爱护环境，不乱扔垃圾，注意个人卫生。会用礼貌用语，诚信待人。	掌握中年级段课程标准规定的要求，掌握必要的处事能力。养成良好的行为习惯，培养审美习惯，学会艺术鉴赏。自觉遵守学校的日常行为规范，自觉遵守"五级音量表"的要求；习惯使用礼貌用语、诚信待人，养成对自己、对班级的责任感，树立较强的自信心。	掌握高年级段课程标准规定的要求，懂得为人处事的基本准则，树立正确人生观、价值观。举止文明大方，与同伴能诚信、友好相处。拥有强烈的社会责任感，具有诚实、守信的品格和言行一致的风格，养成良好的行为习惯。形成较强的自信心，充满活力。
智：会学习 能创造	喜欢参与学习活动，掌握低年级课程标准规定的要求，基本养成听、说、读、写的良好学习习惯。能联系生活经验进行学习，敢于提出问题，并能尝试去探究问题的答案。掌握基本的学习方法，对问题有自己独特的看法和见解，具有初步的创新意识。	有浓厚的学习兴趣，掌握中年级基础课程标准规定的要求，进一步养成听、说、读、写的良好习惯。养成自学的习惯。注重联系实际，初步会将学习的知识与技能运用于生活。能对自然界现象提出疑问，并能尝试独立探究问题，能独立思考，能表达自己的感受，有创新解决问题的方法与策略。	有较强的独立学习能力，掌握高年级基础课程标准规定的要求，养成较好的听、说、读、写的习惯。养成动脑、动手、动笔的学习习惯，培养坚韧的学习毅力。关注身边的社会现实问题，能独立思考，敢于表达自己的观点，具有独特个性的解决问题的方法和策略。能熟练地将所学知识和技能运用于实践，学有所长。形成一定的质疑精神和创新能力。
和：爱运动 勇担当	掌握低年级基础课程标准规定的要求，乐于参加体育锻炼，通过广播操、	掌握中年级基础课程标准规定的要求，主动参与体育运动，形成参与体育运动的	掌握高年级基础课程标准规定的要求，积极参与并规划体育活动，保持参与运动

育人目标＼课程目标	低年级	中年级	高年级
和： 爱运动 勇担当	啦啦操等多种形式感受体育活动给自己的生活带来的乐趣。会玩1—2项体育类游戏。遵守学校纪律，听从老师的教导，勤奋学习，自己的事情自己做。	兴趣和爱好，养成坚持锻炼的习惯，形成健康的生活方式，发扬体育精神，形成阳光向上的生活态度；基本掌握1—2项运动技能。遇到问题能想办法克服和解决，养成对自己、对班级的责任感。	的兴趣和坚持运动的习惯，形成灵敏、力量、耐力、协调等身体素质，形成阳光、乐观、坚韧、向上的性格；熟练掌握2—3项体育运动技能，有自己擅长的体育运动项目。能知难而上，坚持不懈，勇于承担责任。
艺： 有才艺 会审美	掌握低年级基础课程标准规定的要求。积极参与唱歌、乐器演奏、舞蹈、画画等艺术活动，感受艺术活动给自己带来的愉悦情绪；感受艺术美，掌握简单的音乐、美术基础技能。	掌握中年级基础课程标准规定的要求。对参与艺术活动有浓厚的兴趣；欣赏名家作品，感悟经典，培养欣赏美、鉴赏美的能力。培养高雅的艺术情趣。	掌握高年级基础课程标准规定的要求，提高艺术综合素养和能力，积累艺术文化深厚底蕴，激发对艺术的热爱之情，对美好生活的追求、乐观的生活态度和健康的心理；有自己的兴趣、爱好，有一定的审美能力，会将艺术融于生活，成为生活的一部分。

第三部分　学校课程体系

　　秉持"乐享教育"哲学，围绕培养"仁、礼、智、和、艺于一体的文一少年"的育人目标，经过实践与探索，学校构建了"乐享课程"体系。

一、学校课程逻辑

　　学校的教育哲学、课程理念、课程模式、课程结构、课程实施路径与育人目标之间满足如下的逻辑关系（见图1-1）。

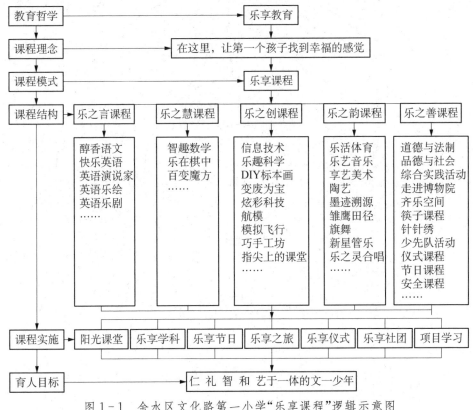

图 1-1　金水区文化路第一小学"乐享课程"逻辑示意图

二、学校课程结构

根据"仁、礼、智、和、艺于一体的文一少年"的育人目标,学校把课程分为乐之言课程、乐之韵课程、乐之慧课程、乐之创课程、乐之善课程五大类。课程结构具体如下(见图 1-2)。

三、学校课程设置

学校的所有课程根据不同的年级段和五大类课程进行了系统的整合设置,详细的课程内容如下表所示(见表 1-2)。

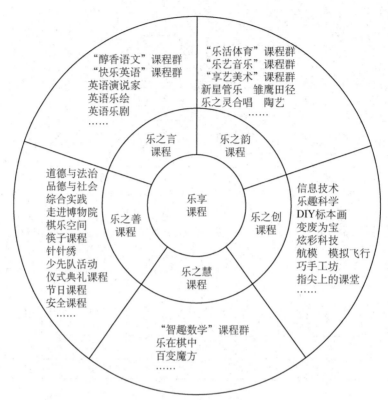

图1-2 金水区文化路第一小学"乐享课程"结构

表1-2 金水区文化路第一小学"乐享课程"设置表

年级	学期	乐之言课程	乐之创课程	乐之慧课程	乐之韵课程	乐之善课程
一年级	上	语文 英语 笔划乐园 三字经 妙趣绘本 能说会道 话里话外 英语歌谣	科学 多彩物质 (12-1) 奇妙生命 (4-1)	数学 易加易减 快乐拼搭 (一) 整理我能行 生活数学	体育 音乐 美术 趣味走与跑 轻松涂鸦 笛声芽芽 梨园新韵 乐之初享 快乐奥尔夫	道德与法制 齐乐空间 入学课程 一日课程 节日课程 少先队活动 安全课程
	下	语文 英语 笔落字秀 弟子规(上) 童话润童心 语海帆影 荷韵心语 英语歌谣	科学 多彩物质 (12-2) 奇妙生命 (4-2)	数学 百数能手 快乐拼搭 (二) 小伙伴分家	体育 音乐 美术 直线跑 动感线条 笛声芽芽 乐之初享 梨园新韵 快乐奥尔夫	道德与法制 齐乐空间 一日课程 少先队活动 节日课程 安全课程

(续表)

年级	学期	乐之言课程	乐之创课程	乐之慧课程	乐之韵课程	乐之善课程
二年级	上	语文　英语 典字成金 弟子规（下） 荟读故事 口随心动 笔端接力 农家十二月 英语歌曲	科学 多彩物质（12-3） 奇妙生命（4-3）	数学 口算小能手 风筝的秘密（一） 环保小卫士 购物小达人	体育　音乐　美术 单双足跳绘画游戏 笛声芽芽梨园新韵 乐之初享 快乐奥尔夫	道德与法治 筷子课程　小小卫生员 一日课程　少先队活动 节日课程 安全课程
二年级	下	语文　英语 字里行间 增广贤文 寓理于言 追梦工厂 自然显微镜 二十四节气 英语歌曲	科学 多彩物质（12-4） 奇妙生命（4-4）	数学 除除有余 风筝的秘密（二） 完善图书角 我来当向导	体育　音乐　美术 趣味掷远　欣赏游戏 笛声芽芽　梨园新韵 乐之初享 快乐奥尔夫	道德与法治 筷子课程　小小卫生员 一日课程　少先队活动 节日课程 安全课程
三年级	上	语文 英语 笔行天下 品阅唐诗 漫话成语 故事会 这儿真美 有趣的汉字1 英语自然拼读 汉字书写	科学 多彩物质（12-5） 炫彩科技（4-1） 航模 模拟飞行 纸飞机 指尖上的课堂	数学 计算小行家 校园中的测量 制作年历	体育　音乐　美术 障碍往返跳 多彩民艺　笛声悠悠 梨园雅韵　乐之欢畅 少儿舞动　雏鹰田径 飞人篮球　绳彩飞扬 定向越野　排球 陶艺　炫风轮滑 玉笛飞声　新星管乐 乐之灵合唱　旗舞 爱舞　七彩戏剧 墨迹溯源　七彩坊 剪纸	品德与社会 综合实践　一日课程 针针绣　一日为师 少先队活动 节日课程 安全课程 参观博物院
三年级	下	语文　英语 形影不离 品阅唐诗 趣谈历史 聊聊中国节 我的发现 有趣的汉字2 英语自然拼读 英语乐绘	科学 多彩物质（12-6） 炫彩科技（4-2） 航模 模拟飞行 纸飞机 指尖上的课堂	数学 易乘易除 小小调查员 精彩足球赛 对称美学	体育　音乐　美术 往返跑　快乐造型 笛声悠悠　梨园雅韵 乐之欢畅　少儿舞动 雏鹰田径　飞人篮球 绳彩飞扬　定向越野 排球　炫风轮滑 玉笛飞声　新星管乐 乐之灵合唱　旗舞 爱舞　七彩戏剧 陶艺　墨迹溯源 七彩坊　剪纸	品德与社会 综合实践　一日课程 针针绣　一日为师 少先队活动 节日课程 安全课程 参观博物院

（续表）

年级	学期	乐之言课程	乐之创课程	乐之慧课程	乐之韵课程	乐之善课程
四年级	上	语文 英语 汉字演变 美妙唐诗 小豆丁侃神话 童手写童心 妙趣楹联 英语绘本 英语乐剧	科学 信息技术 多彩物质(12-7) 炫彩科技(4-3) 航模 模拟飞行 纸飞机 指尖上的艺术 舌尖上的课堂 变废为宝	数学 巧算专家 旅游路线图 生日party 节约用水	体育 音乐 美术 快速跑 畅游色彩 笛声悠悠 梨园雅韵 乐之欢畅 少儿舞动 雏鹰田径 飞人篮球 绳彩飞扬 定向越野 排球 炫风轮滑 玉笛飞声 新星管乐 乐之灵合唱 旗舞 爱舞 七彩戏剧 陶艺 墨迹溯源 七彩 坊剪纸	品德与社会 综合实践 一日课程 少先队活动 节日课程 安全课程 针针绣 探秘博物院
四年级	下	语文 英语 趣说汉字 美妙唐诗 走进名人 小豆丁聊自然 小屁孩谈心声 大自然的启示 英语绘本 英语乐剧	科学 信息技术 多彩物质(12-8) 炫彩科技(4-4) 航模 模拟飞行 纸飞机 指尖上的艺术 舌尖上的课堂 变废为宝	数学 易学算术 探秘内角和 生长的秘密 "砖"家	体育 音乐 美术 定向跑 大师欣赏 笛声悠悠 梨园雅韵 乐之欢畅 少儿舞动 雏鹰田径 飞人篮球 绳彩飞扬 定向越野 排球 炫风轮滑 玉笛飞声 新星管乐 乐之灵合唱 旗舞 爱舞 七彩戏剧 陶艺 墨迹溯源 七彩坊 剪纸	品德与社会 综合实践 一日课程 少先队活动 节日课程 安全课程 探秘博物院 针针绣
五年级	上	语文 英语 形体字匠 韵味宋词 梁山英雄 水浒故事 妙笔浅语 说名道姓 英语趣配音 英语乐游	科学 信息技术 多彩物质(12-9) 浩瀚宇宙(4-1) 航模 模拟飞行 纸飞机 指尖上的艺术 巧手工坊 舌尖上的课堂 DIY标本制作	数学 加减 乘除 壁纸设计师 设计游戏规则 设计旅游方案	体育 音乐 美术 耐久跑 趣味设计 笛赋绵绵 梨园丰韵 民族舞趣 雏鹰田径 飞人篮球 绳彩飞扬 定向越野 排球 玉笛飞声 新星管乐 乐之灵合唱 旗舞 爱舞 七彩戏剧 陶艺 墨迹溯源 七彩坊 剪纸	品德与社会 心理健康 综合实践 一日课程 少先队活动 节日课程安全课程 嗨玩 导览博物馆
五年级	下	语文 英语 象形韵坊 韵味宋词 追踪溯源 我是演说家 诗歌小达人 生命之源 英语趣配音 英语乐游	科学 信息技术 多彩物质(12-10) 浩瀚宇宙(4-2) 航模 模拟飞行 纸飞机 指尖上的艺术 巧手工坊 舌尖上的课堂 DIY标本制作	数学 妙趣算算算 巧手包装 环保监测员 生活中的 数学	体育 音乐 美术 接力跑 探秘雕塑 笛赋绵绵 梨园丰韵 民族舞趣 雏鹰田径 飞人篮球 绳彩飞扬 定向越野 排球 玉笛飞声 新星管乐 乐之灵合唱 旗舞 爱舞 七彩戏剧 陶艺 墨迹溯源 七彩坊 剪纸	品德与社会 心理健康 综合实践 一日课程 少先队活动 节日课程安全课程 嗨玩 导览博物馆

(续表)

年级	学期	乐之言课程	乐之创课程	乐之慧课程	乐之韵课程	乐之善课程
六年级	上	语文　英语 入木三分 经典宋词 险处求生 焦点访谈 名品赏析 足迹采撷 英语故事表演 英语演说家	科学 信息技术 多彩物质（12 －11） 浩瀚宇宙（4－ 3） 航模 模拟飞行 纸飞机 指尖上的艺术	数学 数学百分百 生活中的 "圆" 家庭消费我 参与 旅行中的 数学	快速跑　传统纹样 笛赋绵绵　梨园丰韵 民族舞趣　雏鹰田径 飞人篮球　绳彩飞扬 定向越野　排球 玉笛飞声　新星管乐 乐之灵合唱　旗舞 爱舞　七彩戏剧 陶艺　墨迹溯源 七彩坊　剪纸	品德与社会　心理健康 综合实践　一日课程 毕业课程 少先队活动节日课程 安全课程 建言博物院
	下	语文　英语 行云流水 经典宋词 共赏三国 七嘴八舌 笔耕历程 我的毕业绘本 英语故事表演 英语演说家	科学 信息技术 多彩物质（12 －12） 浩瀚宇宙（4－ 4） 航模 模拟飞行 纸飞机 指尖上的艺术 巧手工坊	数学 玩转数字 小小创意师 我的变化我 知道 妙笔绘图	体育　音乐　美术 往返跑　美术策展 笛赋绵绵　梨园丰韵 民族舞趣　乐之灵动 雏鹰田径　飞人篮球 绳彩飞扬　定向越野 排球　乐之灵合唱 新星管乐　玉笛飞声 旗舞　爱舞　七彩戏 剧　陶艺　墨迹溯源 七彩坊　剪纸	品德与社会　心理健康 综合实践　一日课程 毕业课程 少先队活动节日课程 安全课程 建言博物院

第四部分　学校课程实施

　　学校建构立体多元的课程实施与学习方式，通过"阳光课堂""乐享学科""乐享节日""乐享之旅""乐享仪式""乐享社团""项目学习"七个路径实施"乐享课程"，并依据不同的实施路径进行适切的评价设计。以丰富的课程和学生喜欢的实施方式给学习生活注入快乐元素，促使师生活泼、主动地发展，共享成长之幸福旅程。

一、构建"阳光课堂"，有效实施课程

　　课堂是推进课程实施的主要途径。学校遵循用快乐心态共享生命精彩的"乐享教育"哲学，在长期的课堂教学实践中，构建了"阳光课堂"形态。

（一）"阳光课堂"的要义

"阳光课堂"从儿童认知特点出发，以生命成长为根本，让学习回归儿童生活，致力于实现学生乐学与教师乐教的统一，把学习过程变成师生共享生命成长的快乐过程。在阳光课堂上，学生在轻松和谐的氛围中，习得知识的同时收获向善向上的情感体验和心灵感悟，促进思维发展和精神成长；教师在阳光课堂上读懂学生，研究学生，寻求最佳的教学方法，使课堂变得兴趣盎然，舞动教育灵性，师生乐在其中，共享最美的童年时光。

（二）"阳光课堂"的文化核心

依据"阳光课堂"的要义，学校倡导在课堂上体现"尊重、温暖、快乐、成长"四大文化核心。

——尊重。教学中教师用尊重营造自由、平等、和谐的氛围，通过儿童的视角走进学生的内心、研究学生的志趣、研究学生的情感，真正了解孩子们的需求，寻找到最佳的教学方法。

——温暖。课堂教学中教师用温暖化育童心，在润物无声的师生对话、交流分享中进入真情交融的境界，让学生在童心化育的过程中得到释放，重拾童趣和天真。

——快乐。课堂教学中运用多种方式，营造快乐氛围，引发学生的好奇心，唤起学生思考，让学生在质疑、对话、探究、分享、创新中学会学习，有效地促进学生学科能力和学科素养的提升和发展，享受知识带来的快乐，实现学生乐学与教师乐教的统一。

——成长。在课堂教学中，遵循学生身心发展和教育教学规律，使学生在学习过程中体验到愉快和幸福，把师生关系变成合作伙伴的关系，把教育和学习的过程变成师生共享生命成长的过程。

（三）"阳光课堂"的教学要素

在实践中，"阳光课堂"的实施形成以下基本流程：

第一，资源支撑，充分先学。学生利用广泛的学习资源充分地进行先学，还学生学习的自主权，调动学生自学热情。

第二，互动对话，积极质疑。学生在教师的组织和引导下讨论和交流，将先学内容与同伴交流互动，在交互的对话中，互相质疑，共享集体思维成果，完成对所学知识的建构。

第三，展示研讨，快乐分享。在交流互动之后，学生将已习得的知识在全班进行展示分享，自我纠正，自我提高，体验共享之乐。

第四，拓展延伸，共同成长。这是对师生学习成效的延展，也是对教学目标的监测与评价，更是将学习内容的扩展与应用，它真正体现了师生的教学相长，共同成长。以学生的生成作为"蓝本"，在独立建构的基础上，思维相互碰撞，逐步对知识进行完善。通过交流展示，在师生的思辨中逐渐明晰、建构知识网络。

（四）"阳光课堂"的评价要求

学校的"阳光课堂"围绕上述的四个文化核心和课堂创新进行了五个维度的评价设置，并根据百分制赋予每个维度不同的权值，评价量表如下（见表1-3）。

表1-3　金水区文化路第一小学"阳光课堂"评价量表

课题		执教人		评课人	班级
维度	权值	A	B	C	D
		85—100分	75—84分	60—74分	少量达到或未达到
教有所长	尊重 30分	目标明确。学习目标的制定明晰、准确，叙写规范，目标具体可测评。 以学定教。以学生为中心，切实贯彻"以学定教"原则，倡导"先学后教"。 因材施教。课堂教学的各个环节关注学生差异性，兼顾各个层面的学生。			
	温暖 20分	活动自主。体现"自主发现问题，提出问题，分析问题，解决问题"的原则。 赏识激励。关注学习过程，课堂评价及时、准确、丰富，以激励、欣赏为主。 寓教于乐。教态自然亲切，语言亲和，方法灵活。			
学有所得	快乐 20分	互帮互学。有效进行小组合作学习。 乐思善述。学生的思维有广度和深度，勇于发表自己的观点，乐于听取别人的意见。 积极参与。在学习过程中学生积极、投入，气氛活跃。			
	成长 20分	知行合一。重知识与能力的综合、过程与技能的转化、体验与品质的过渡。 目标达成。体现"教——学——评"的一致性。学习目标达成度高。			
创新10分		恰当运用电子白板等多媒体、理念先进，教师创教、学生创学，课堂中有创新点。			

二、建设"乐享学科"，丰富学校课程

学校通过"乐享学科"建设，构建起各学科的课程群。通过课程群实施，提升学科教学品质。

（一）"乐享学科"建设路径

根据学校师资力量，结合教师自身特长，以所授科目为原点，按照"1＋X"模型组建学科课程群,形成乐享学科。"1"是指整合后的基础性课程,"X"是指基础性课程的拓宽与延伸。课程群的实施基于各学科课程标准,是对基础课程的强化和夯实,是一个主题明晰的内容系列,是采用多样的相对固定的形式与时间的"微课程"。通过这些课程的实施,激发学生的兴趣爱好和学习潜能,促进学生对基础课程的学习效能提升。

1. "醇香语文"课程群

"醇香语文"课程群以语文学科知识为基础,带领学生进入美丽的语言文字世界,通过了解汉字故事、练习汉字书法,感受中国传统文化的魅力,增进对传统文化的热爱。学生还通过诵读,读出感情、读出氛围,在与书籍的对话中,产生更加浓厚的学习兴趣。该课程依据语文学习的规律分不同的年级进行梯度设计。除基础课程之外,"醇香语文"课程设置具体如下(见表1-4)。

表1-4 金水区文化路第一小学"醇香语文"课程设置表

年级	学期	识字写字	阅读(经典诵读、品味阅读)		口语交际	写作表达	综合性学习
一年级	上学期	笔划乐园	三字经	妙趣绘本	能说会道	话里话外	小店名大世界
	下学期	笔落元秀	百家姓	童心润童心	语海帆语	荷韵心语	积露为波
二年级	上学期	典字成金	弟子规	荟读故事	口随心动	笔端接力	农家十二月
	下学期	字里行间	增广贤文	寓理于言	追梦工厂	自然显微镜	二十四节气
三年级	上学期	笔行天下	品阅唐诗——四季	漫话成语	故事会	这儿真美	有趣的汉字
	下学期	汉字DIY	品阅唐诗——家国	趣谈历史	聊聊中国"结"	我的发现	有趣的汉字
四年级	上学期	汉字演变	美妙唐诗——咏月	文读有约——走进神话	小豆丁侃神话	童手写童心	妙趣楹联
	下学期	趣说汉字	美妙唐诗——山水	仰望星空——走进名人	小豆丁聊自然	小屁孩谈心声	大自然的启示
五年级	上学期	形体字匠	韵味宋词——稼轩长短句	梁山英雄	水浒故事	妙笔浅语	说名道姓
	下学期	象形韵坊	韵味宋词——东坡乐府	追踪溯源	我是演说家	诗歌小达人	生命之源
六年级	上学期	入木三分	韵味宋词——四季篇	险句求生	焦点访谈	名品赏析	足迹采撷
	下学期	行云流水	韵味宋词——人物篇	共赏三国	七嘴八舌	笔耕历程	我的毕业绘本

2. "智趣数学"课程群

"智趣数学"课程群是基于数学学科基础知识开发的,激发学生学习兴趣、发展学生思维水平、培养学生创新能力的系列课程组合。除基础课程之外,"智趣数学"课程设置具体如下(见表1-5)。

表1-5 金水区文化路第一小学"智趣数学"课程设置表

课程设置 \\ 学期	智趣运算 (数与代数领域)	智趣创意 (图形与几何领域)	智趣统计 (统计与概率领域)	智趣体验 (综合与实践领域)
一年级上学期	易加易减	快乐拼搭(一)	整理我能行	家中数学
一年级下学期	百数能手	快乐拼搭(二)	无	小伙伴分家
二年级上学期	口算小能手	风筝的秘密(一)	环保小卫士	购物小达人
二年级下学期	除除有余	风筝的秘密(二)	完善图书角	我来当向导
三年级上学期	计算小行家	校园中的测量	无	制作年历
三年级下学期	易乘易除	小小调查员	精彩足球赛	对称美学
四年级上学期	巧算专家	旅游路线图	生日party	节约用水
四年级下学期	易学算术	探秘内角和	生长的秘密	"砖"家
五年级上学期	加减乘除	壁纸设计师	设计游戏规则	设计旅游方案
五年级下学期	妙趣算算算	巧手包装	环保监测员	生活中的数学
六年级上学期	数学百分百	生活中的"圆"	家庭消费我参与	旅行中的数学
六年级下学期	玩转数字	小小创意师	我的变化我知道	妙笔绘图

3. "乐活体育"课程群

"乐活体育"课程群是基于体育学科的基础知识,遵循学生年龄特点,按照"我快乐、我运动、我健康"细化分层、梯度设计学习方式,积极倡导在参与、实践、提高、创新中亲身经历,以培养学生的锻炼习惯,从而提升体育学科素养。除基础课程之外,"乐活体育"课程设置具体如下(见表1-6)。

表1-6 金水区文化路第一小学"乐活体育"课程设置表

水平段	课程板块	年级/学期		课程名称	活动设计
水平一	雏鹰田径	一年级	上学期	趣味走与跑	模仿练习与游戏竞赛
			下学期	直线跑	沿直线跑
		二年级	上学期	单双足跳	原地与行进间练习 跳绳
			下学期	趣味掷远	掷准 掷远

水平段	课程板块	年级/学期		课程名称	活动设计
水平二	飞鹰田经	三年级	上学期	障碍往返跳	多种形式障碍练习
			下学期	往返跑	绕标志物往返跑
		四年级	上学期	快速跑	速度阶梯练习
			下学期	定向跑	校园定向
水平三	雄鹰田径	五年级	上学期	耐久跑	有氧运动练习
			下学期	接力跑	迎面接力往返接力障碍接力
		六年级	上学期	快速跑	速度阶梯练习
			下学期	往返跑	不同距离往返跑

4．"乐艺音乐"课程群

"乐艺音乐"课程群围绕音乐教材的基础知识，依据校情和学生本位的需求，延展出四类课程群内容，分别是竖笛（小乐器）、戏剧（地方教材），舞蹈（律动）和合唱（声乐）课程。梯级构建课程群内容，由学校音乐学科教师系统的在音乐课中实施。除基础课程之外，"乐艺音乐"课程设置具体如下（见表1-7）。

表1-7　金水区文化路第一小学"乐艺音乐"课程设置表

年级	课程名称	课程内容
一年级	竖笛：笛声芽芽（上）	认识竖笛　聆听竖笛音色　学习演奏知识
	戏剧：梨园新韵（上）	了解豫剧　豫剧表演
	舞蹈：快乐奥尔夫（上）	节奏游戏　肢体律动
	合唱：乐之初享（上）	听音模唱
二年级	竖笛：笛声芽芽（下）	演奏音阶　演奏小乐曲
	戏剧：梨园新韵（下）	学唱豫剧　学习豫剧的相关知识
	舞蹈：快乐奥尔夫（下）	肢体节奏律动表演　用打击乐器给歌曲伴奏
	合唱：乐之初享（下）	学唱音阶　听音训练
三年级	竖笛：笛声悠悠（上）	进行长音和吐音演奏　乐曲演奏
	戏剧：梨园雅韵（上）	合作演唱一至二句地方戏　学习多剧种角色相关知识
	舞蹈：少儿舞动（上）	少儿舞的基本动作　进行舞蹈表演
	合唱：乐之欢畅（上）	两个声部和声练习　听辨歌曲中的和声

(续表)

年级	课程名称	课 程 内 容
四年级	竖笛：笛声悠悠(下)	熟练演奏技巧　演奏四首乐曲
	戏剧：梨园雅韵(下)	学习唱腔流派及行当装扮　进行基本表演
	舞蹈：少儿舞动(上)	学习根据歌曲进行舞蹈表演
	合唱：乐之欢畅(上)	熟练合唱基本演唱技能
五年级	竖笛：笛赋绵绵(上)	学习听辨不同的民族的和西洋管乐的音色　学习独奏教材中单声部歌曲　学习同伴合奏曲目
	戏剧：梨园丰韵(上)	欣赏经典舞台剧、课本剧　进行角色表演
	舞蹈：民族舞趣(上)	学习蒙古族和藏族舞蹈基本动作
	合唱：乐之灵动(上)	视唱8小节以上旋律　演唱合唱歌曲
六年级	竖笛：笛赋绵绵(下)	学习固定节奏的旋律创编和吹奏　学习一定的演奏表演技能　学习对自己和他人的演奏进行评价
	戏剧：梨园丰韵(下)	创编表演微型舞台剧。
	舞蹈：民族舞趣(下)	学习维吾尔族舞蹈基本动作　与同伴合作进行舞蹈小品创编表演
	合唱：乐之灵动(下)	学习在不同歌曲中运用正确的技巧演唱　演唱课本中合唱曲目

5.“享艺美术”课程群

“享艺美术”课程群基于美术学科学习,以培养小学生综合美术素养为宗旨,了解美术语言及其表达方式和方法,学习美术欣赏和评述的方法,提高审美能力,丰富视觉、触觉和审美经验,使学生获得对美术学习的持久兴趣,形成基本的美术素养。除基础课程之外,“享艺美术”课程设置具体如下(见表1-8)。

表1-8　金水区文化路第一小学“享艺美术”课程设置表

课程板块	年级	课 程 内 容
享艺造型	一年级	轻松涂鸦　动感线条
	二年级	绘画游戏　欣赏游戏
享艺创造	三年级	多彩民艺　快乐造型
	四年级	畅游色彩　大师欣赏
享艺创作	五年级	趣味设计　探秘雕塑
	六年级	传统纹样　美术策展

6. "快乐英语"课程群

"快乐英语"课程群是基于英语学科的基础知识,以培养小学生英语综合语言的运用能力为宗旨,以"语言技能、语言知识、情感态度、学习策略、文化意识"五个方面进行学科学习和拓展,以贴近学生生活实际,让学生能够快乐地读英语、说英语,在生活中用简单的英语去交流,培养孩子良好的语音、语感及较强的阅读能力和表达能力。"快乐英语"课程群遵循学生年龄特点,按照各年级学生所学英语知识和培养技能层层递进。通过听,看,读,唱,演等方面提升学生英语学科素养。除基础课程之外,"快乐英语"课程设置具体如下(见表1-9)。

表1-9　金水区文化路第一小学"快乐英语"课程设置表

学期	课程名称	课程内容
一年级上学期	English chants(英语歌谣)	视听欣赏　学唱简单的英语童谣
一年级下学期	English chants(英语歌谣)	视听欣赏　学唱一简单的英语童谣
二年级上学期	English songs(英语歌曲)	学唱高一级的歌曲
二年级下学期	English songs(英语歌曲)	学唱高一级的歌曲
三年级上学期	Phonics(自然拼读)	学习26个英文字母在单词发音中的普遍规律
三年级下学期	Phonics(自然拼读)	学习26个英文字母在单词发音中的普遍规律
四年级上学期	Picture Books(英语绘本)	绘本赏析　绘本听读　绘本表演
四年级下学期	Picture Books(英语绘本)	绘本赏析　绘本听读　绘本表演
五年级上学期	Fun dubbing(英语趣配音)	对英文电影片段进行配音
五年级下学期	Fun dubbing(英语趣配音)	对英文电影片段进行配音
六年级上学期	Story acting(故事表演)	进行角色合作表演
六年级下学期	Story acting(故事表演)	进行角色合作表演

7. "乐趣科学"课程群

"乐趣科学"课程群是基于科学学科的基础知识,以培养小学生科学素养为宗旨,根据《义务教育小学科学课程标准》将科学学科教学内容划分的物质科学,生命科学、工程与技术、地球与宇宙四个部分以及小学科学学科核心素养、小学学生的发展特点以及学校学生的学生特质及国家课程开设现状,确定了拓展课程的框架,分别是多彩物质、奇妙生命、炫彩科技、浩瀚宇宙四个板块。积极倡导在观察、实验、制作、创新中亲身经历,以培养学生的好奇心和探究欲,发展他们对科学本质的理解,并尝试用于解决身边的实际问题,从而提升学生科学素养。除基础课程之外"乐趣科学"课程按照年级分别设置具体课程,在1—2年级主要设置"奇妙生命"和"多彩物质"课程,在3—4年级主要设置"炫彩科技"和"多彩物质"课程,在5—6年级主要设置"浩瀚宇宙"和"多彩物质"课程。

(二)"乐享学科"课程评价要求

"乐享学科"是有效实施课程的主要途径,也是学校课程评价的主要靶点,学校通过以下方式对"乐享学科"的实施效果进行评价:

一是对学科课程方案的制定进行评价。学校课程中心通过对各学科"1+X"课程群建设方案的整体科学性进行评价和审议,具备清晰的课程理念、有逻辑的课程体系、有丰富的课程内容、有高效的实施路径等的方案才能通过评价审议,经过审议通过的课程方案方可进入实施阶段。

二是对课程实施过程进行质量监控。学校课程中心通过对课程实施过程中的课程纲要、教学设计、作业情况等静态成果的检查和对学科课堂的观摩进行过程性评价。

三是对课程团队进行评价。学校课程中心通过对各课程团队提供的静态资料的检查和团队的课程实施情况汇报进行综合的考评,评选出优秀课程团队。

四是对学生学习效果的评价。有过程性评价,主要依据授课教师对学生出勤情况,学生参与热情,团队合作意识,能力锻炼,学习体会及测试等的数据记录实施评价。还有阶段性评价,采用学期末的测试或过程性学习成果的综合评定进行学期阶段性的学业水平评价。

三、做活"乐享之旅",推进研学旅行课程

"乐享之旅"课程是以培养学生的综合实践能力和创新能力为核心,助推人与自然、人与社会和谐发展,全面提升学生综合素养的实践体验类课程。

(一)"乐享之旅"课程建设

学校借助社区优势资源,根据学生心理特质、知识层次、学科要求,量身打造"走进博物院"课程,作为学校乐享课程体系中的必修课程,将该课程梯度规划学习主题为"参观博物院""探秘博物院""导览博物院""建言博物院"。每个年级各8课时。该课程已经成为学校研学旅行课程的一张名片。

在"走进博物院"课程的基础上,学校根据研学旅行课程的两个核心特征"研究性"和"体验性",在原有课程基础上,架构了"乐享体验之旅""乐享探究之旅""乐享游学之旅""乐享安全之旅"四大主题。"乐享之旅"课程设置表如下(见表1-10)。

表1-10 金水区文化路第一小学"乐享之旅"课程设置表

主题	课程名称	年级	课程内容	课程目标
乐享体验之旅	知行苑的故事	一年级	撒欢知行苑	依托"知行苑"实践基地,按季节设置课程内容,按学期规划课程梯度,科学分层实施。课程采用"知—行—创"立体学习模式,利用基地、社区、家长资源,通过感官体验、对比试验、小课题研究等方式,在亲近自然过程中感知中原农耕文化,在手脑并用的实践中体验劳动的快乐及生活的乐趣。
		二年级	劳作知行苑	
		三年级	知行苑的小住户	
		四年级	稻生知行苑	
		五年级	畅想未来知行苑	
		六年级	知行苑里的毕业嘉年华	
	齐乐空间	一年级	书包的整理 课桌的整理 个人卫生整理 教室的整理 服饰的整理 家庭卫生的整理 教室的美化	通过一系列直观、简洁、有趣的教育实践活动来激发学生自主管理,自觉参与简单的家务管理的积极性。通过课程学习,让学生体验整理的快乐,并养成热爱劳动、自觉参与家务劳动,自己的事情自己处理的良好习惯和生活能力,提高生活技能。
	筷子课程	二年级	筷子的起源 筷子的演变 筷子的种类 筷子的特点 筷子的使用	通过对筷子的起源、演变、种类、使用等方面的了解,丰富学生的知识,感受中华文化的博大,增强民族自豪感,通过自制筷子、筷子游戏等体验活动,培养学生创造力、动手实践能力、左右手协调能力,增强学生团队合作意识,提高团队凝聚力。
乐享探究之旅	走进博物院	三年级	参观博物院	依托河南省博物院教育基地,从学生的兴趣和认知规律出发,走进河南省博物院,通过参观浏览、角色体验、课题研究等方式探究文物相关知识,感知中原文化的厚重与灿烂,激发爱祖国、爱家乡的情感。
		四年级	探秘博物院	
		五年级	导览博物院	
		六年级	建言博物院	
乐享游学之旅	踏春行	低年级	郑州植物园	依托春季游学活动,以走进自然为主题,将"游""学"结合,以游促学,让学生在与大自然的亲密接触过程中,拓展视野,增长见识,寻找春天的足迹,激发探究自然的好奇心和求知欲。
		中年级	郑州绿博园	
		高年级	郑州园博园	
	享秋实	低年级	郑州自然博物馆	依托秋季游学课程,以走进场馆为主题,给学生提供更为广阔的学习天地,感受灿烂文化,丰富学习经历,丰厚课外知识,还学生自我体验、学习和发现的空间。
		中年级	郑州科技馆	
		高年级	河南地质博物馆	

（续表）

主题	课程名称	年级	课程内容	课程目标
乐享安全之旅	安全教育	全年级	校园安全	学习校园安全知识，在校园生活中掌握正确游戏、生活方法，不做危险的事。
		全年级	防震演练	学习防震逃生知识，开展全校师生防震疏散演练，明确逃生路线和集合地点，掌握正确逃生方法。
		全年级	交通安全	学习相关交通安全知识，了解遵守交通安全的重要性，并在外出活动中了解交通标志，遵守交通规则，学会安全出行。
		全年级	消防安全	学习相关消防安全知识，开展全校师生防火疏散演练，明确逃生路线和集合地点，掌握正确逃生方法。

（二）"乐享之旅"课程评价

"乐享之旅"课程评价项目主要包括对学生研学效果的评价和对教师指导效果的评价。一是依照"乐行之旅"学习单评估学生在研学旅行过程中的表现，是否做到乐思乐创，乐知乐行；二是评估学生学习成果展示，是否做到精彩共享，展示形式可以通过实践操作、作品展示等方式呈现。教师评价包括课程实施过程中基本品质和基本能力。"乐享之旅"课程评价量表如下（见表1-11）。

表1-11　金水区文化路第一小学"乐享之旅"课程评价量表

内容＼项目	课前	课中	课后
	有备而来	快乐学习	共享精彩
学生"乐享之旅"评价	根据"乐享之旅"学习单，明确课程目标，成立活动小组，明确小组分工。	在研学旅行过程中是否做到积极参与、乐于探究、知有所然、行之有效。	"乐享之旅"学习单的完成情况、研学成果精彩展示、研学体会三方面。
教师指导评价	围绕课程目标，研制"乐享之旅"学习单选择资源，确定研学旅行课程目标和具体实施步骤。	教师在研学过程中，指导学生养成良好学习习惯、掌握一定的研学旅行学习方式，组织学生有效开展探究活动。	教师通过观察、学习过程中的情况记录，以及多种形式的成果展示对学生进行评价。

通过"乐享之旅"的评价，一方面，促使学生兴趣爱好和潜能得到进一步开发和发展，实践体验能力提高，自我创新能力提升；快乐成长共享精彩的意识得到培养，从而

实现知行合一、育人目标的达成；另一方面，通过评价，促进研学旅行质量不断提升，做活"乐享之旅"，提升乐享课程品质。

四、开设"乐享社团"，发展学生个性特长

"乐享社团"是为发展学生的个性特长而设置的由教师参与辅导、学生自主管理的课程。

（一）"乐享社团"课程设计与实施

"乐享社团"课程设计与实施流程为：学生需求分析——课程预设——师生进行社团课程论证、提出申请——学校课程中心审议通过——师生进行课程设计（课程纲要）——课程中心二次审议——学生选课——实施课程。"乐享社团"课程以年级和校级课程为单位采用周五集中课时和课后社团活动相结合的方式。校级课程根据课程特点在全校范围内召集学员，年级课程只在本年级召集学员。学校的校级社团和年级社团一览表如下（见表 1-12，见表 1-13）。

表 1-12　金水区文化路第一小学校级社团一览表

校级社团	课程地点	实施年级	课 程 目 标
乐之灵合唱	合唱排练厅	三至五年级	通过不同的发声练习来规范学生的声音，进一步提高演唱水平和演唱技巧。通过练唱中外少儿合唱歌曲，提高学生的音乐修养和自身素质。
新星管乐	管乐厅	三至五年级	提高演奏技巧、各声部间和谐能力的培养。学习音乐知识技能，了解各种乐器的特性，充分领略音乐的魅力。
玉笛飞声	音乐教室	三至五年级	通过对竹笛的起源、历史文化底蕴、乐器结构、演奏方式、技巧等方面的学习，来丰富学生对中国传统音乐艺术形式的认识与了解。
旗舞	操场绿色草坪	三至五年级	以"旗"为舞蹈器械，训练中融入芭蕾、艺术体操、儿童舞等多种动作种类，学生在舞旗的过程中，体验艺术情感、提升艺术气质。
爱舞	舞蹈教室	三至五年级	启发学生用心跳舞，培养学生用舞蹈的肢体语言丰富的情感表现舞蹈内涵，充分挖掘学生的潜能，发展学生的舞蹈特长，展示学生良好的精神风貌和艺术修养。
七彩戏剧	合唱教室	三至五年级	掌握一定的表演技巧，在表演艺术中，体验表演的乐趣与美妙，感知生活，乐享童年。

（续表）

校级社团	课程地点	实施年级	课 程 目 标
雏鹰田径	田径场	三至五年级	发展柔韧、协调、灵敏、速度、耐力、弹跳等素质，学习和掌握田径各项运动所需的基本活动技能。①
飞人篮球	篮球场	三至五年级	发展学生力量、速度、耐力和灵敏等素质；提高分析能力和应变能力；磨练意志，发展个性；培养团队精神和集体主义品质；培养审美情趣，丰富课余文化生活，②达到体育锻炼的目的。
绳彩飞扬	田径场	三至五年级	学会单脚跳、双脚跳、简单花式跳绳，每一个成员都热爱跳绳，并把跳绳作为自己锻炼身体的一种手段。
炫风轮滑	小广场	三至五年级	通过原地站立与踏步、单脚支撑平衡、模仿滑行姿势的蹲起练习、"八"字行走练习、交叉步行走、直道滑行、弯道滑行等，增强灵活性、大脑与身体各部位之间的协调性，培养学生互助合作。
排球	田径场	三至五年级	学习发球、传球、扣球技术动作，了解排球比赛规则，学习比赛战术，培养学生团结一致的精神。
定向越野	操场	三至五年级	了解定向的概况、基本技术，激发学生学习定向越野的兴趣，初步体会校园定向带来的乐趣，掌握指北针的使用方法，增强学生合作意识，培养学生团队精神。
炫风啦啦操	田径场、舞蹈室	三至五年级	融合跑、跳、走、基本体操、健美操、现代舞、体育舞蹈等一系列动作，通过律动、腰胯动作、各种翻腾、抛接和托举等造型，③帮助学生塑造优美体态、锻炼身体、增强体质。
陶艺	陶乐吧	三至五年级	融绘画、雕刻、工艺美术于一体。尝试各种陶艺材料、工具和制作方法，体验陶艺活动的乐趣；个性地表达自己的情感和思想，激发创造意识，提高观察及审美能力。
墨迹溯源	文宝轩	三至五年级	对中国传统书法历史、几大书体演变、书法名人传记等的溯源，丰富学生对我国传统书法文化的认识，提高书法表现能力，提升人文、艺术素养。
航模	实验室	三至五年级	在制作的基础上学会操控飞机飞行，体会精心制作的重要性，提高孩子们的手脑协调能力，培养学生动手实践能力和创新精神。

① 孙莹莹.关于小学业余田径训练的研究[J].现代营销(学苑版),2012年第6期

② 张建科.中学篮球教学的思考与分析[J].群文天地,2011年第16期

③ 高银华.中小学开展啦啦操的可行性[J].经济研究导刊,2012年第18期

(续表)

校级社团	课程地点	实施年级	课 程 目 标
模拟飞行	模拟飞行室	三至五年级	普及航空科技知识,使学生认识到现代航空技术需要物理、数学、气象等多种学科知识的综合运用。同时培养他们对航空飞行的浓厚兴趣。
纸飞机	微机室	三至五年级	掌握基础的航空航天科技知识和技能,提高综合实践能力和创新精神,培养对航空航天科技长期的兴趣和爱好。
炫彩科技	炫彩科技教室	三至五年级	通过拼插现实生活和未来生活中各式各样的具象模型的方式,使学生们发挥创造性,在无限创意过程中体验乐趣,提高学生动手动脑能力,促进综合素质和创新能力的发展,激发学生创新意识。
百变魔方	微机室	三至五年级	通过魔方学会用科学的方法分析问题、解决问题,同时在愉悦的气氛中受到情感的熏陶。
针针绣	四八班	三至五年级	了解十字绣的有关历史,通过小组合作、团体比赛等活动培养学生动手操作的实践能力,提高学生的审美素质。

表 1-13 金水区文化路第一小学年级社团一览表

年级社团	课程地点	实施年级	课 程 目 标
指尖上的课堂	三七班	三年级	利用各种材料制作手工作品,装点生活、美化生活,丰富学习生活,在活动中体验乐趣,个性表达自己的情感,激发创造意识,提高观察及审美能力。
超轻彩泥DIY	三八班	三年级	培养兴趣、动手实践、优秀作品集中展示等。课程从体验、态度、综合能力、作品等几方面对学生进行评价。
一日为师	三四班	三年级	提高学生的语言表达能力。感受亲子之爱、师生之爱、民族之爱、国家之爱,培养社会意识和民族情感。
舌尖上的课堂（一）	四七班	四年级	了解特色美食,进行实践制作,提高孩子的创新意识、合作能力、实践操作能力,品味中国灿烂的饮食文化。
指尖上的艺术	四二班	四年级	通过合作,充分体验相互学习、互相帮助,把探索到的新技法运用到生活和学习中。
变废为宝	四三班	四年级	培养观察能力、想象能力和动手操作能力;培养创新意识,能根据废旧物品和自己的生活需要进行创作,了解废旧物品利用的意义。

（续表）

年级社团	课程地点	实施年级	课 程 目 标
植物标本制作	四五班	四年级	以树叶、干花为素材，将植物标本制作和绘画、创意设计相结合，引导学生制作记录自然之美与母校时光的个性书签、创意卡片，学会植物标本的制作方法，体验科学探索、艺术加工的乐趣。
乐在棋中	五五班	五年级	对象棋的起源、构成、对弈方法的了解等来丰富学生对棋文化的认识，培养思考问题的能力。
人与自然	五六班	五年级	认识世界上稀有的植物和动物，了解动植物生长规律以及同人类以和生态平衡的关系，增强环境保护意识。
巧手工坊	五一班	五年级	以毛线、毛衣针、棒针为素材，在排列组合的过程中，锻炼学生手部肌肉的操作能力，通过造型的思考活动，提高动手实践能力。
舌尖上的课堂（二）	五七班	五年级	了解各地特色美食。会合理搭配设计菜品。进行实践制作。给孩子健康饮食的观念，提高孩子的创新意识与合作、实践操作能力。

（二）"乐享社团"课程评价要求

"乐享社团"主要从教师活动组织效果和学生学习效果两个方面进行评价。

第一是对教师活动组织效果的评价，从内容和方法两个维度进行。

评价内容包括发展学生兴趣特长的合理性，活动内容的科学性、时代性和综合性，活动组织的有效性，社团活动目标的达成度等方面。

评价方法从学校、教师、学生三方面进行。学校成立评价小组，通过听课、听取学生的反馈意见、检查课程开发与建设的情况、教学目标的达成程度和教学安排等手段给教师做出一定的评价。教师在课程开发与建设以及教学活动的过程中，进行自我评价。学生评价是通过问卷调查、座谈、个别调查等方法了解学生对教师的评价，并以此了解学生的需求，使之更加适合学生发展的需要。

第二是对学生学习效果的评价，从内容、目标和形式三个维度进行。

评价内容主要为学生出勤情况，学习小组的记录，学生参与热情，团队合作意识，能力锻炼，学习体会以及测试等方面。

评价目标主要有五点，即在知识或技能的某些方面获得进一步的拓展或提高；在兴趣爱好和潜能上得到进一步开发和发展;在综合实践能力方面得到提高;在合作能力、发现问题、分析问题和解决问题的能力等方面得到增强;勇于探索、积极创新、自觉钻研、进取向上的精神得到培养。

评价形式主要为师评和生评。每个社团根据学习活动的特点设计包含师评和生评两个维度的评价量表,借助评价表实施评价。

五、创设"乐享节日",实施校园节日课程

节日课程是学校德育课程实施的重要途径。学校基于"乐享教育"理念,开发实施了"乐享节日"课程。

(一)"乐享节日"课程设置

学校的节日课程内容包含中国的传统节日和特设的校园节日,通过这些课程的开设让学生了解中国传统节日民俗,感受传统文化的精神内涵,增强学生民族自豪感;丰盈学生的知识积累、增强人文素养,提高创新意识,提升归属感。激发对祖国热爱之情。学校的"乐享节日"课程设置如下(见表1-14)。

表1-14 金水区文化路第一小学"乐享节日"课程设置表

课程名称	课程内容	课程目标	实施年级
艺术节	班级合唱 课堂小乐器 绘画展演 展评	提高学生的艺术修养,培养学生的艺术兴趣,激发学生的艺术潜能,提高学生欣赏美、创造美、表现美和评价美的能力。	1—6年级
端午节	开展端午节班级主题中队会 说说端午 绘画端午 体会端午	知道农历五月初五是端午节,了解端午节的由来、各种庆祝活动和其含义。 增强学生对端午节以及中华民族传统节日的认识。	1—6年级
春节	剪窗花 写对联 制作立体贺卡 亲友拜年 制订压岁钱使用计划 制作创意迎新手抄报	了解中国的传统节日春节的日期。 丰富学生的文化生活,走进春节了解习俗。 养成正确的消费观和良好的价值观。 尝试采用多种方式表达,展现"春节"喜庆氛围。	1—6年级
游戏节	设计游戏海报 进行游戏宣传 规范游戏规则 开展校园游戏	促进校园课间游戏的健康发展,丰富校园文化活动。 激发学生热爱生活、热爱校园的情感,为学生提供表现自我的舞台,让学生积极参与课间文明游戏。	1—6年级

（续表）

课程名称	课程内容	课 程 目 标	实施年级
读书节	多维度阅读活动 师生经典诵读活动 亲子阅读论坛 学生现场作文大赛 评选"阅读榜样星" 评选"最美阅读教师" 评选"最浓书韵班级" 评选"最佳书香家庭"	通过阅读类课程建设,增强师生阅读能力。 通过读书节丰富多彩的阅读活动,激发师生的阅读兴趣。 提升学校文化品位,培育崇尚读书的优良校风,创建"书香校园"。	1—6 年级
国庆节	阅读英雄故事图书 "国庆"观影 观看升旗仪式视频 "国庆节"主题手抄报 "国庆"歌唱比赛	了解国庆节的由来,增强民族自豪感。 增强学生爱国情感。	1—6 年级
创客节	创客参观体验 创客参与实践 创客成果展评	丰富校园文化生活,培养学生的科技创新精神。 激发学生对科技的兴趣和爱好。	1—6 年级
清明节	清明主题中队会 祭先祖 祭英烈	了解清明节的文化习俗,从中感受到中华民族文化的魅力与丰富内涵,弘扬传统文化。 了解革命烈士的感人事迹,懂得幸福来之不易,增强珍惜今天幸福生活的情感。① 激发学生热爱祖国、热爱家乡的思想感情。	1—6 年级
中秋节	主题中队会 说"中秋" 诵"中秋" 绘"中秋"	了解中秋节的起源及节日风俗习惯。 激发学生热爱家乡、热爱祖国的情感,体会家庭欢乐、生活甜美的幸福。 感受中华民族文化的特点。	1—6 年级

（二）"乐享节日"课程评价要求

"乐享节日"课程通过对学生的过程性学习表现和阶段性学习成果进行评价,评价主体有教师、学生、家长。并对评价内容、评价目标、评价方式进行了设计。

一是评价内容。主要有参与节日课程的过程性资料。在节日过程中表现出的积极态度和参与精神。对传统节日的认同与了解。在学校特色节日课程中的作品表现。

---

① 王艳娟. 以节气课程树文化自信[J]. 中国德育. 2017 年第 1 期

二是评价目标。通过评价促进学生对我国传统节日的了解,增强民族自豪感,提高对中国传统文化的传承意识,提高对美的欣赏和创造能力,增强创新意识和实践能力。

三是评价方式。有自我评价,即由教师给学生提供多种评价项目和方法,供学生选择,或完全由学生自己确立评价的项目和评价的方法,由学生进行自我评价。有教师评价,即由教师通过对学生参与活动的观察,对学习过程中的情况记录,对作业、作品等的评定进行定量评价。有学生互评,即借助评价量表进行生生互评。还有家长评价,即学生家长对学生的作品完成情况、参与课程表现等情况进行评价。

六、开展"乐享仪式",实施校园仪式课程

仪式是含有教育意义的活动,仪式本身就是一种教育,一种课程。学校把"仪式课程"作为实施德育的重要途径。

(一)"乐享仪式"课程设置

仪式课程以学生的生活为起点,把生活中孩子们喜欢的、有意义的活动或者特别的日子,通过庄重和雅致的仪式呈现出来,既满足学生的兴趣,也让每个学生找到自己的成长点,体验成长的幸福。学校的"乐享仪式"课程设置如下(见表1-15)。

表1-15　金水区文化路第一小学"乐享仪式"课程设置表

课程名称	课程主题	课程内容	课程目标	实施年级
入学课程	报到篇	领取《入学攻略》和《入学通知书》 与家长一起参观校园 在入学纪念墙前合影留念	迎接一年级新生,认识学校、同学、老师,激发小朋友热爱学校、热爱学习、爱生活的美好情感。通过军训学会站立行走的正确姿势,言行文明,注意安全,明确学校言行的规范性和重要性。初步养成良好的学习、行为、卫生习惯,懂得培养良好习惯的重要意义。	一年级
	入校篇	举行"大小拉小手"欢迎仪式 举行"佩戴好孩子红花"入班仪式 举行新生入学仪式典礼		
	成长篇	认识美丽的校园 小军训 养成教育系列		

（续表）

课程名称	课程主题	课程内容	课 程 目 标	实施年级
入队课程	入队准备篇	学习少先队的知识 参观少先队活动室	学习少先队知识，懂得红领巾是国旗的一角，是革命先烈用鲜血染成的，树立新队员的光荣感、责任感，激励他们为集体增光添彩。培养队员的主人翁意识，培养新队员的爱队意识，掌握少先队仪队礼，感受作为一名光荣的少先队员的神圣使命。	一年级
	入队申请篇	填报入队申请书		
	入队仪式篇	出队旗 唱队歌 宣布新队员名单 授予队员标志 颁发新队员证书 宣誓 新、老队员代表讲话 辅导员讲话 退旗		
成长课程	祝福篇	校长祝福	回味成长故事，体会父母养育的辛劳，学习感恩、展示自己的才能，体验成长的喜悦，对自己的人生有所设计，学习承担责任。	四年级
	分享篇	分享成长记录册		
	仪式篇	老师、学生、家长代表、校领导参与典礼流程。		
毕业课程	感恩篇	系列进行感恩父母、感恩同学、感恩老师、感恩母校课程。	通过感恩教育，展示小学阶段学习生活成果，表达毕业生对母校和老师的感激之情，追忆昨天，憧憬明天，畅谈理想，展望更美好的未来，激发学生为母校增光添彩的决心。	六年级
	仪式篇	走进毕业门 感恩课程成果汇报 颁发毕业纪念卡		
	理想篇	各中队分享感悟，畅谈理想		
升旗课程	训练篇	旗手训练	培养学生对国旗的认知和尊敬，热爱国旗的情感，养成升国旗奏国歌时要肃立、敬队礼的行为习惯。	1—6年级
		演讲		
	仪式篇	迎国旗		
		升国旗		
		奏唱国歌		
		国旗下演讲		
		辅导员讲话		
		呼号		
开学典礼	准备篇	收集学生展示资料	明确新学期的奋斗目标，激励全体师生振奋精神、锐意进取；营造浓厚的开学气氛。	1—6年级
	仪式篇	升旗仪式 开学各项工作安排		

课程名称	课程主题	课程内容	课程目标	实施年级
散学典礼	准备篇	各项工作准备	总结一学期学生在校的学习和生活情况,通过颁奖肯定学生的成长收获,引导学生全面发展自我,以培养良好的自信心和积极向上的精神面貌。	1—6年级
	仪式篇	升旗仪式		
		学期工作总结		
		颁奖		

(二)"乐享仪式"课程评价要求

"乐享仪式"课程主要采用过程性评价,对学生的参与过程进行定量的评价。以课程总目标为指导,结合时政制定学期课程实施计划,在各年级开展德育特色活动,助力学生形成自主、自信、自强、自律的品质。通过对学生参与仪式课程的过程性资料的整理分析,对学生在学习过程中表现出的积极主动性、创造性和独特的个性发挥,及所表现出的积极态度和参与精神等内容进行评价。评价采用自评、师评、互评三种形式进行评价。一是自评,使用评价量规开展自我评价。二是教师评价,教师通过观察学生的参与情况和多种形式的作业、作品等对学生进行评价。三是互评,借助评价量表进行生生互评。

七、推进PBL(项目学习),开展主题综合学习

项目学习(project based-learning,简称PBL)是教与学的模式。它从国家课程标准出发,目标指向学生发展核心素养,以学生为中心,在跨学科的真实学习中,提高学生自主学习的能力、实践能力与创新精神,培养明辨性思维、解决问题的能力以及与人合作、沟通交流的能力。它以一个问题和挑战作为开始,以一个展示和自省作为结束,项目的最终成果是学生创造和展示他们对内容和技能的理解与掌握情况。为此,我们提炼出项目学习的设计八要素、实施七步骤、评价六原则。

(一)PBL(项目学习)设计的八个要素

根据PBL(项目学习)的理念和学校开展项目学习的实践探索经验,我们总结出以下项目学习的八个关键要素:

一是学习目标的设定。一个项目的学习目标涉及相关学科的关键知识、21世纪核心素养等,这些是项目设计的起点与目标。

二是驱动性问题的确定。一个挑战性的任务和真实问题是驱动学生们在项目中不断探究、反复完善作品的动力,使学生的学习更主动、更有意义。

三是学生的意见和选择。在基于项目学习的过程中,学生是学习的发起者、主人翁,学生通过项目评价量规的制定,明白自己所承担的任务、角色以及即将完成的作品或任务。

四是持续性的学习探究过程。一个项目单元,小学生们完成的进度快则几天,而有的可能会持续几个星期。在与同伴们积极、深入学习中,学生们往往会提出新的、更多的问题,不断地寻求更多资源调整自己的解决方案,学习过程甚至是根据学生的学习情况不断生成与迭代的。

五是作品制作与展示。在项目设计时,要考虑学习成果是什么? 阶段性的作品是什么? 成果的评价量规是什么? 明确而清晰的成果标准,不仅引领学生朝着这个目标进行奋斗,也给家长、社区等专业人士参与到学生的学习过程中提供明确的目标和机会。

六是评价量规的设计。在学习开始之前,我们会设计大量的评价量规,如学生团队学习、成果评价量规等,这些评价量规会在学生开始学习之前予以明晰。它不仅起到评价引导的作用,同时为学生的各阶段学习锚定目标,不断地推进着 PBL 的学习过程。

七是自我反思的能力。自我反思的过程,不仅可以不断地贯穿在 PBL 的进行过程中,还可以在学生作品完成的关键时间节点作为清晰的评价方式给出明确的指导,为学生知识和技能的学习搭好脚手架。

八是资源和专业支持。在 PBL 中,社会资源和专业人士参与,决定项目学习的真实性和开放性,对学生的学习动力也起着助推作用。

(二) PBL(项目学习)实施的七个步骤

项目学习在实施时应遵循以下七个步骤:

第一步,细化分解课程标准;

第二步,确定项目导入事件;

第三步,进行学生已知和需知的分析;

第四步,制定项目的驱动性问题;

第五步,提供项目脚手架支持;

第六步,设计项目评价量规;

第七步,项目成果展示和反思。

(三)"项目学习"的评价要求

"项目学习"的评价分别由专家、学者、老师、同学以及学生本人共同来完成。在项目实施过程中制定系列科学的评价量规,涵盖过程和结果的评价。采用定量评价和定性评价、形成性评价和终结性评价、自我评价和他人评价之间相结合的形式。评价的内容有课题的选择、学生在小组学习中的表现、计划、时间安排、结果表达和成果展示等方面。对结果的评价强调学生的知识和技能的掌握程度、对过程的评价强调对实验记录、各种原始数据、活动记录表、调查表、访谈表、学习体会等的评价。评价时坚持以下六个原则:一是评价实施一体化原则,二是评价内容多要素原则,三是评价等级多层次原则,四是评价主体多元化原则,五是评价任务更聚焦原则,六是评价量化易操作原则。

"乐享课程"以"乐享教育"办学思想为价值引领,通过建设课程文化、细化课程目标、构建课程体系、丰富课程实施路径、建立保障机制等多项举措有效实施,促进育人目标落地,塑造学校品牌,成就学校可持续发展。

(撰稿人:侯清珺 窦立涛 冯淑英 张伟振 马 静 马至猛)

第二章

精神凝练： 学校课程发展的内核

　　十年树木，百年树人。学校精神的形成不是一朝一夕就能完成的事情，它要在长期的办学过程中，经受无数次洗礼凝结而成，是学校气质的体现，是学校文化的灵魂，是学校课程发展的内核。一所学校的精神要为全体师生所认同，要和学校的文化传统、价值观念和行为习惯等方面相契合，要在坚持并弘扬传统的基础上创新发展，取其精华，去其糟粕，要结合时代特色不断地开拓、发展和创新。一所学校的学校精神不仅仅体现在学校的办学理念、校风校训、文化氛围及全体师生的精神追求上，更反映在学校课程建设上。学校精神通过课程潜移默化地熏陶着师生的行为举止与精神面貌，通过课程润物细无声地滋润着师生的生命成长。

小脚丫课程：循着生活的诗情，感受生命的真谛

郑州市金水区纬五路第一小学"小脚丫课程"规划，从学校的育人精神出发，注重教育向生活的本真回归，在实践中形成了指向学生成长的学校课程体系。以"求真教育"为教育哲学，本着"探求真知、涵养真性、学做真人"的办学理念，致力于培养"阳光自信纯真"好少年。学校的"小脚丫课程"，以"循着生活的诗情，感受生命的真谛"为课程理念，通过立德、漫语、踱思、行健、寻美和探秘六种课程类别，从"真识课堂""真智学科""真味节日""真趣社团""真心活动""真我赛事"六种实施形式入手，推进课程的全面实施，实现学校的育人目标。"小脚丫课程"，让"求真"精神浸润到课程之中，潜移默化地提升着师生的生命质量，见证着师生的共同成长。

郑州市金水区纬五路第一小学建校于 1954 年，是一所有着悠久历史和深厚文化积淀的学校。学校现有 54 个教学班，在职教师 180 人，有宽敞明亮的教学楼 4 栋，阶梯教室、合唱厅、阅览室、图书室等功能室 21 个。多年来，学校秉承陶行知教育思想，将"求真"思想作为学校的教育哲学，先后荣获了"全国践行行知思想、推进素质教育先进集体""少先队全国红旗大队""国家体育传统项目先进学校""河南省优秀党支部""河南省青少年科技教育示范学校""河南省德育先进集体""河南省管理先进学校""河南人民最满意学校的十佳学校""郑州市文明学校"等荣誉。

第一部分　学校课程哲学

学校致力于为学生提供可持续发展的平台，重新梳理校园文化，通过文化引领课程发展，让课程具有学校特色、育人价值和学科导向。

一、学校教育哲学

学校一直秉承着陶行知教育思想，在传承文化理念的基础上，把"求真教育"作为

学校的教育哲学。

（一）教育哲学及解读

教育必须回归育人的本质属性，培育学生的完美人格。完美人格是真善美的统一，而在真善美中，真又是基础性的，没有真就没有善和美，就没有教育。因此，求真才是教育的根本，教育必须从帮助学生学做真人开始，正如陶行知先生所说："千教万教教人求真，千学万学学做真人。"因此，我校把教育哲学界定为"求真教育"，强调教育应始于教人求真，指向于培养纯真品质。

"求真教育"既是一种教育理念，又是一种育人模式。作为教育理念，"求真教育"指的是遵循教育发展规律和人的身心发展规律，回归教育本真，皈依教育本质的教育；作为育人模式，"求真教育"指的是通过有效的手段培养有真道德、真知识、真才能的"真人"教育。我们认为，求真教育就是让每一个生命在追求真情和真理的过程中幸福成长的教育。

"求真教育"是回归本真的教育。

"求真教育"是遵循成长规律的教育。

"求真教育"是养真性、求真知的教育。

"求真教育"是培养阳光自信纯真好少年的教育。

【我们的教育信条】

我们坚信，每一个孩子都是纯真的精灵；

我们坚信，学校是纯粹、美好而又充满挑战的地方；

我们坚信，引导儿童走进真善美的世界是最好最舒展的姿态；

我们坚信，让所有孩子看到真理、感悟真情是教师的幸福所在；

我们坚信，循着生活的诗情、感受生命的真谛是教育最美的图景；

我们坚信，探求真知、涵养真性，学做真人是学校教育的神圣使命。

（二）办学理念及解读

基于上面的思考，我校紧紧围绕"求真教育"哲学，以"探求真知、涵养真性、学做真人"作为学校的办学理念。"求真教育"的办学理念，是通过德与智相融的教育来完成的。"涵养真性"是指学生要在六年的学习中，成为具有纯真心灵和务实品质的人;"探求真知"是指学生要在六年的学习中,成为一个既能够掌握真知、又能够拥有探求真知本领的人。只有养成了"真性品质"、具备了探求"真知"的能力,才能"学做真人"。

二、学校课程理念

根据学校的办学理念,学校的课程内容也应来源于生活,更应归根于生活。学校就是要让学生透过每一门课程,探寻到事物的真理所在,感触到真理绽放的绚烂光彩,体会到求真过程中的幸福与美好,掌握探寻真理的切实方法,让课程融入生活,让生活诗情画意,让学生循着成长的足迹,成为真实的自己,感受生活的美好。因此,我们将课程理念定义为:循着生活的诗情,感受生命的真谛。

——课程即生活的节奏。"全部的课程包括全部的生活,一切课程都是生活,一切生活都是课程。"[1]当孩子们踏入人生的第一天开始,生活即与他们密不可分,生活中蕴含着取之不尽的教育资源,学习可以随时随地,课程伴随着生活,应该像音乐般美好,课程就是生活的节奏。

——课程即心灵的寻访。课程要让学生实现"六大解放",即解放学生眼睛、头脑、双手、嘴和他们的空间和时间。[2] 实现"六大解放",才能让学生培养出创造力,不拘泥于一种学习形式,不呆板于一种教材,不局限于一个空间;实现"六大解放",才能让学生培养出自主学习能力,真正的人才教育不是灌输知识,而是将开发文化宝库的钥匙交给学生,能自觉地阅读、自动地搜集,自觉地感受真理存在的意义和价值。

——课程即美妙的体验。每一项课程都是活动,学生要积极参与到各项活动之中,在做考察、实验、探究、设计、制作、想象、反思、体验等一系列活动中发现和解决问题,让这种真实感受成为成长的美妙体验。

——课程即生命的张力。种子破土而出的一刹那,奔跑中撞线的那一倏忽,课堂上举手发言的那一瞬间,试卷上写下姓名的那一时刻,当学生沉浸在课程中,生命的张力开始无形释放,这种力量,让我们无不感叹成长是如此具有力量。

———————————————

① 陶行知.陶行知文集.[M].浙江:江苏教育出版社.2008,189.
② 陶行知.陶行知文集.[M].浙江:江苏教育出版社.2008,231.

因此,学校以"小脚丫课程"作为课程名称。"小脚丫"为形象代表,寓意在求真教育的道路上,只有脚踏实地,一步一个脚印,才能获取真知、探求真理。脚踏实地,也是求真务实的体现,是真人的基本标准之一。"小脚丫",象征着这种锲而不舍、认真踏实的形象,也象征着我校学生将秉承着这种意志品质,一步步感受学校课程的魅力,通过学习与实践,让小脚丫踏遍知识的阔野,留下成长的足迹。

第二部分　学校课程目标

学校课程目标是以育人目标作为导向,是育人目标的具体体现。我校从育人目标入手,对课程目标进行分年级段的设定,对指导课程实施,具有重要作用。

一、学校育人目标

依据国家教育方针,我们结合学校办学理念,将育人目标确定为培养"阳光自信纯真好少年"。

——阳光,指开朗、活泼,是一种外显品质。透过"阳光"一词,我们能够感受到纬五一学子阳光的心态、阳光的笑容。

——自信,指相信自己有能力,是一种健康的心理状态,是内隐品质。透过"自信"一词,我们能够感受到纬五一学子有能力、有智慧、有胆识。

——纯真,指纯洁真挚,纯真是一个人内心深处最美好、最真实、最纯粹的情怀。透过"纯真"一词,我们能够感受到纬五一学子纯真美好的品德和性情。

我们希望通过"求真教育",培养"阳光自信纯真好少年",让每一个纬五一学子都能够保留着对真才实学的追求,对真情实感的向往,对真挚生活的感怀。

二、学校课程目标

为了培养"阳光自信的纯真少年",实现学校育人目标,我们把课程目标按照低中高年级进行分类和细化(见表 2-1)。

表2-1　金水区纬五路第一小学课程年级段目标表

育人目标＼年级目标	低年级	中年级	高年级
阳光	喜爱运动,在家长的协助下完成锻炼,心灵阳光、乐观。	热爱运动,能够自觉开展锻炼,形成参与运动的兴趣和爱好,养成坚持锻炼的习惯,形成健康的生活方式。能够包容他人,心态积极向上。	能积极参加体育活动,掌握2—3项体育运动技能,通过国家体质健康测试,形成灵敏、力量、魅力、协调的身体素质。具有自我管理能力,掌握健康知识,心态健康,人格健全。
	了解有关美的知识,养成爱美的情感,学会发现身边的美。	具备较强的审美能力。具备一定的艺术综合素养,形成正确的审美观,学会通过实践创造美。	感知、理解、鉴赏、评价美,进行美的创造。培养健康的审美情趣,形成崇高的审美理想。
自信	思考——乐于动脑,掌握低年级课程标准规定的要求。基本养成听、说、读、写的良好习惯。掌握基本的学习方法。敢于发问,能在家长和老师的帮助下整理学校资料,形成学习成果。乐于表达自己的感受,学会与他人分享自己的感受。 实践——有创意的生活,利用自己的聪明才智去解决问题,在这个过程中展现并提升自己的智慧,享受创造带来的欢乐。	思考——保持对学习浓厚兴趣,积极参与课程学习,掌握中年级课程标准规定的要求,注重联系实际,具有一定的文化积淀和人文情怀;会梳理、总结学习资料,形成学习成果;善于表达自己的想法,分享自己的感悟。 实践——学会清楚地表达自己的感受和间接,倾听他人的意见,与他人平等交流,有意识地进行学习内容的反思和个人道德行为的反思。	思考——保持积极的学习状态,能够独立自主完成学习任务,掌握高年级课程标准规定的要求,善于交流,学会辩论、演讲等能表达自己想法的方法。有一定的综合分析能力,批判质疑,具有探求真理的韧性,能开展研究性学习。 实践——学会自主探究学习,学会在解决问题中反思,掌握方法;在集体讨论中反思,形成概念;在回顾知识获取时反思,提炼思想;在分析解题方法中反思,体验优势;在寻找错误成因中反思,享受成功。
纯真	热爱祖国、热爱学校、尊敬师长、关心班级,养成良好的学习、生活、劳动、卫生习惯。诚实、说真话、谦让、不任性、活泼、合群。愿意去做力所能及的事情,完成过程中认真、不放弃、有责任心。珍惜时间,勤学习、勤思考、勤动手。	热爱祖国,热爱家乡。落实"五三三两"养成规范,拾金不昧、团结友爱、助人为乐。正确把握自己、调节自己的心态。乐于接受别人给予的任务,积极参加社会实践和社区劳动、志愿者服务,愉快、积极地生活,形成开朗、进取的品质。	学会待人接物的日常礼仪,关心集体,为集体增光,增强遵纪守法的观念和自我保护的能力。自尊自爱、正直坦诚、宽厚待人、守信用、有毅力、勇于克服困难。明辨是非善恶。能用行动反击失败,付出耐心,坚持到底,永不放弃,磨炼坚韧的意志力。把承受挫折、克服困难当作是对自己人生的挑战和考验,在克服困难、解决问题中获得能力的提高,在刻苦学习中享受勤奋带来的愉悦和乐趣。

第三部分　学校课程体系

为提升课程理性,构建富有学校文化特色的课程模式,我校构建了学校课程逻辑。

一、学校课程逻辑

基于学校教育哲学、办学理念、课程理念等,构建"小脚丫课程"模式,并以真识课堂、真智学科、真趣社团等为路径推进课程实施,以此实现学校"阳光自信纯真好少年"的育人目标(见图2-1)。

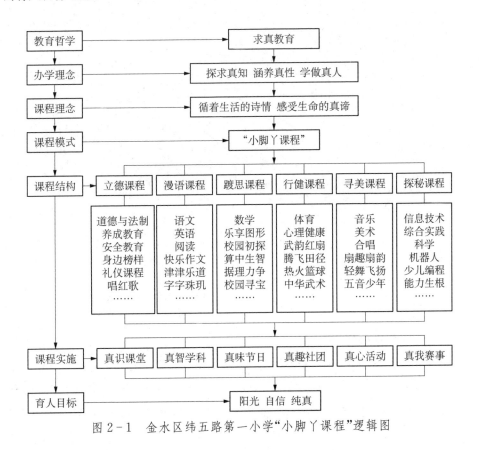

图2-1　金水区纬五路第一小学"小脚丫课程"逻辑图

二、学校课程结构

根据加德纳多元智能理论进行分类,我们将"小脚丫课程"分为立德课程、漫语课程、踱思课程、行健课程、寻美课程、探秘课程六大领域,"小脚丫"象征着学生在课程生活中漫步、徜徉的形象,每一个课程名称都结合了小脚丫的脚步动作和课程分类,充满了灵动与智慧(见图2-2)。

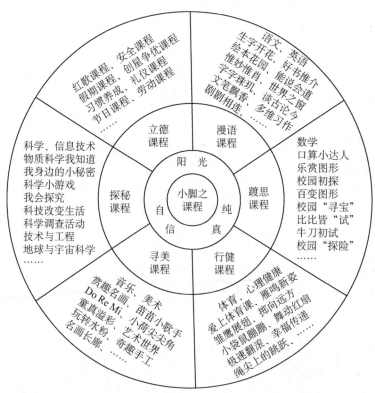

图2-2　金水区纬五路第一小学"小脚丫课程"结构图

学校六大领域课程,具体是:

立德课程,即自我与社会维度的课程,以立德树人作为课程教育的根本任务,将德育纳入课程体系,包括身边榜样课程和少先队活动课程两大方面,每个方面又包含养成教育、创星争优以及节日课程、仪式课程等与学生德育教育相关的课程,落实学校做"真人"的德育目标。

漫语课程，即语言与交流维度的课程。每一种语言，都需要细细咀嚼、慢慢品味，无论是中华古诗词的优韵辞藻，还是当代文学的刻骨铭心，乃至国外语言的魅力和不同，都需要在不断品读中感受到文字的真谛。

踱思课程，即逻辑与数字维度的课程，逻辑、数字都是严谨的、不容有误的，该类别课程就是寻找真理，并且在寻找的过程中变得更加认真、严谨。

行健课程，即体育与健康维度的课程，就是要让学生通过各种形式的运动、锻炼，以及参与各种形式的心理健康课程，强身健体、健全人格。

寻美课程，即艺术与审美维度的课程，艺术的真实性是艺术创造审美价值追求的一个重要原则，该类别课程是让学生在艺术的氛围中受到熏陶，对学生的人格成长、情感陶冶以及智能的提高都具有重要的作用。

探秘课程，即科技与创新维度的课程，面对科技发展的日新月异，更要有求真务实的精神。该类别课程是让学生在科学、创客等课程学习中，学会创新、创造，学会用自己的双手探求真理、形成真知。

三、学校课程设置

学校六大类课程紧紧围绕学校育人目标，根据金水区课程设置要求，严格落实国家课程，拓展类课程按照年级进行分解，实现国家课程校本化、拓展课程多元化、整体课程高质化发展（见表 2-2）。

表 2-2　金水区纬五路第一小学课程分类设置表

课程 \ 学期			必修课程	年级课程
立德课程	一年级	上期	红歌课程 安全课程 假期课程 创星争优课程 习惯养成 礼仪课程 节日课程 劳动课程	入校课程、入队课程
		下期		组建中队、组建小队
	二年级	上期		自理课程、我爱我班
		下期		我爱我校
	三年级	上期		学习少年英雄
		下期		走进消防中队
	四年级	上期		大队委竞选、卫生知识课程
		下期		走进国防基地、安全小卫士

（续表）

课程＼学期			必修课程	年 级 课 程
立德课程	五年级	上期	红歌课程 安全课程 假期课程 创星争优课程 习惯养成 礼仪课程 节日课程 劳动课程	红领巾心向党、校史课程
		下期		河湖教育课程、金水好少年
	六年级	上期		志远课程、五好小公民评选
		下期		离校课程、金水好少年
漫语课程	一年级	上期	语文 英语 阅读课程	生字开花、好书推介、Phonics、绘本花园
		下期		能说会道、生活中的语文、惟妙惟肖、世界之窗之亚洲
	二年级	上期		字字珠玑、谈古论今、Phonics、绘本花园
		下期		妙语连珠、妙笔生花、四角俱全、世界之窗之亚洲
	三年级	上期		学有所用、阅开心、歌曲 Do Re Mi、绘本花园
		下期		文笔飘香、沟通交际小能手、世界之窗之欧洲
	四年级	上期		说文解字、品书香诗韵、奇幻光影、声临其境
		下期		口语表达小达人、轮流日记、融入生活大世界、我是小书虫、世界之窗之非洲
	五年级	上期		书法艺术、古诗词赏析、光影品鉴、单词小达人
		下期		绘本作文、阅读交流课、多彩课本剧、我是小书虫、妙笔生花、世界之窗之北美洲
	六年级	上期		创意汉字、名著赏析、名曲欣赏、小小演说家
		下期		多维写作、剧剧相连、生活中的语文、美文品读、妙笔生花、世界之窗之大洋洲
踱思课程	一年级	上期	数学	口算小达人、乐赏图形
		下期		校园初探
	二年级	上期		速算小达人、百变图形
		下期		校园"寻宝"
	三年级	上期		比比皆"试""慧"玩图形
		下期		有理有据、校园"探险"
	四年级	上期		趣味"慧"算、智慧图形
		下期		据理力争、"探索"达人
	五年级	上期		算中生"智"、七彩设计
		下期		"理"争上游、旅游探秘
	六年级	上期		老谋"神"算、设计大师
		下期		顺理成章、社会调查

（续表）

课程＼学期			必修课程	年 级 课 程
行健课程	一年级	上期	体育 室内体育 体质健康 武韵红扇 全员运动会 阳光大课间	爱上体育课、我身边的小秘密
		下期		雁鸣新姿、雏鹰展翅
	二年级	上期		安全游戏小达人、掷向远方
		下期		小袋鼠蹦蹦、舞动红扇
	三年级	上期		运球小能手、极速翻滚
		下期		运动小能手、小小功夫家
	四年级	上期		燃烧吧体能、幸福传递
		下期		绳尖上的跳跃、功夫熊猫
	五年级	上期		奥林匹克的中国梦、极速健将
		下期		小小大力士、功夫小能手
	六年级	上期		迈向青春、跨越彩虹
		下期		冲向未来、武术少年
寻美课程	一年级	上期	音乐 美术 金莺合唱 扇趣扇韵 书法课程	赏趣名画、苗苗小歌手、Do Re Mi
		下期		赏趣名画、苗苗小乐手、小荷尖尖角
	二年级	上期		童真溢彩、苗苗小歌手、Do Re Mi
		下期		艺术世界、苗苗小乐手、小荷尖尖角
	三年级	上期		玩转水粉、奇趣手工、花儿小歌手、Mi Fa So
		下期		名画长廊、花儿小乐手、花儿朵朵开
	四年级	上期		水墨游戏、神奇的瓶盖、花儿小歌手、Mi Fa So
		下期		视觉中华、花儿小乐手、花儿朵朵开
	五年级	上期		书画学堂、纸艺花束、金莺小歌手、La Si Do
		下期		艺术大师毕加索、国画悠韵、快乐小乐手、花儿齐开放
	六年级	上期		创意课堂、刻印工坊、金莺小歌手、La Si Do
		下期		品墨大家、书香字卷、快乐小乐手、花儿齐开放
探秘课程	一年级	上期	科学 信息技术 研究性学习 创客嘉年华	物质科学我知道、我身边的小秘密
		下期		物质科学我知道、科学小游戏
	二年级	上期		物质科学我知道、我的新发现
		下期		生命科学我知道、科学小游戏

（续表）

课程 \ 学期			必修课程	年 级 课 程
探秘课程	三年级	上期	科学 信息技术 研究性学习 创客嘉年华	生命科学我知道、科学小游戏
		下期		生命科学我知道、我会探究
	四年级	上期		地球与宇宙科学、科技改变生活
		下期		地球与宇宙科学、科学调查活动
	五年级	上期		技术与工程、科技改变社会
		下期		技术与工程、解开科学的面纱
	六年级	上期		科学知识我最爱、人类与自然
		下期		科学知识我最爱、科学没那么神秘

第四部分　学校课程实施

课程实施是实现学校育人目标的途径，是教师带领学生不断求真的过程。纬五路第一小学从"真识课堂""真智学科""真味节日""真趣社团""真心活动""真我赛事"六种形式入手，推进"小脚丫课程"的实施。

一、构建"真识课堂"，推进学科课程实施

学校聚焦课堂教学，为提升教学质量，推进学科基础课程实施，致力于创设"真识课堂"，更多地关注到学科核心素养，进一步明确学校课堂建设的方向。

（一）"真识课堂"的内涵

在学校求真教育理念引领下，"真识课堂"文化形态，提倡遵循教育发展规律和人的身心发展规律，回归教育本真。通过有效的教育手段，教师与学生真诚地交流互动，评价激励，课堂上呈现"教师真教，学生真学"的课堂状态。课堂回归本真，不作秀，不功利，不要形式主义，不虚假浮夸。教师真诚沟通，关爱学生，善于使用教学策略，让学生学得主动、学得高兴、学得轻松，师生之间能不时地产生思想的共鸣和共同的心理愉

悦。学生在勤思、善思、精思的课堂氛围中,敢于质疑、敢于发现问题、敢于向书本挑战,思维活跃、敏锐、广阔、深刻,师生动起来,课堂活起来。

"真识课堂"具有如下"五真"特点:

"真思考",指的是学生思考要深、要透。比如,学生通读文本就要边读边画,画关键词、画中心句,写心中的疑问。学生的思考不仅只停留在脑子里,还要写下来,下笔成文,这样才能深思考,不至于只是"空想"。

"真合作",指的是小组合作要有效率。什么时候合作,要有数;需要怎样的合作形式,要清晰;合作的成果如何展示,需要让学生了解并做好准备;合作的过程要有监督,保证每一个小组、每一位成员都积极参加,不要有旁观者;合作的效果要有评价,让每一个活动都能够起到应有的作用,让每一位成员都有收获。

"真探究",指的是在"真识课堂"中,强调学生是真正的主人,教师是学生的平等对话者、沟通者、引导者、互动者、意义的建构者。在课堂上,无论是学生还是教师都能够享受到充分的自由。师生之间可以民主的进行理性的对话和协商,讨论感兴趣的话题。教师不再是话语的霸权者,师生都有资格亮出自己的观点和思想、参与对话与讨论。师生双方坦诚相待、共同合作、相互尊重、积极探究、不断进取,才能充分享受到学习的乐趣,共同实现智慧的生成和生命的升华。

"真生成",指的是课堂是关注生成的课堂。教学内容不再是"钢性"的,而是通过师生不断建构生成的,知识的获得过程是积极主动的建构生成过程。在教学过程中,师生不再墨守那种"预定教案——执行教案——完成教案"的封闭流程,而是共同创设以知识生成为中介的交往情景,在交往中就"共同文本"生成的不同意义进行阐释和交流,促进知识意义的建构和活动主体的发展。

"真收获",指的是学生对所学知识能步步清,当堂会。"真识课堂"的收获,是学生内化于心的收获,在出现问题时,要主动提问,师生要当堂解决,在小组内没有解决就提到全班解决,全班没有解决的就由老师点拨解决,直到学生表现出满意的笑容——这才是"真收获"。

(二)"真识课堂"的关键流程

"真识课堂"需要建立起一种高效的学习流程,才能使课程得以落地实施。向四十分钟要效率,是课堂的重要目标。"真识课堂"的具体做法如下:

分析"学情"，聚焦真问题。"真识课堂"的学习内容建立在分析学情的基础上，以问题的形式间接呈现出来。借助一两个问题，使学生明确本节课需要解决的真问题是什么，要达到的学习目标是什么。在低年级，问题可以由教师提出，随着年级的升高，要逐步过渡为教师指导下的学生主动质疑。所以，教师要从问题的"提出者"转变成学生发现问题的"促进者"，并能够将学生的问题进行梳理，聚焦成为一两个关键问题，以简明的内容驱动学习。

运用"学情"，分析真问题。"真识课堂"的学习要通过合作探究来完成。合作学习包含四个关键点：一是有层次地分工，让学生在合作学习中能有平等的学习机会；二是合理分配发言机会，保证学生参与到活动中；三是创设相互尊重、自然和谐的学习氛围；四是教师及时地引导，为合作指点迷津。

尊重"学情"，探究真问题。在尊重学情前提下，引导学生"自主探究"，学生在核心问题的引领下，以自然简便的方式独立对话学材、产生静思默想的过程。教师在充分观察学生动态学习的实际情况，进行适度的引导启发，或者在探究的过程中进行适时的提示帮助，要愈来愈多地放手让学生自己探究。

遵循"学情"，生成真问题。教师把握学生认知基础和规律，通过学生学习过程及结果的"互动交流"，找到学生最近发展区，并及时跟进，用精要的点拨，引发学生主动联系已有知识和实际经验，进行深层次的思考，激励学生勇于质疑，敢于创新，实现最大学习效用。

拓展"学情"，评议真问题。在"真识课堂"中，学生充分的学习，如何能够达成目标？教师要善于为学生提供运用本节课所学内容的某种情境，以利于学生学以致用，举一反三。教师通过对学习过程与效果的观察，大体反馈出课堂教学的得失，为教师课中、课后的教学反思提供有利条件。立足反馈，灵活地采取学生自评、小组评价、教师评价等多种评价形式将问题、难点梳理或进一步深化拓展。评价形式多样，但应是画龙点睛的低碳实效的评价，以促进学生丰厚学习，增厚积淀，实现自我。

（三）"真识课堂"的评价

"真识课堂"向40分钟要效率，通过深入课堂，常态观课，参加"希望杯""金硕杯"课堂教学展评，组织新教学方式优质课，制作微课，开展经验分享等活动践行"真识课堂"。每学年评出校级达标课、示范课、优质课，发放证书，用多种方式评价课堂实效

（见表 2-3）。

表 2-3　金水区纬五路第一小学"真识课堂"评价标准表

评价项目	关键词	评价细则	完全达到	多数达到	基本达到
问题唤醒	真思考	1. 借助一两个问题,让学生通过真正的思考,明确本节课需要解决的真实问题是什么,本节课要达到的学习目标是什么,设计聚焦目标达成明确的学习任务。 2. 应用恰当的技术手段创设适切的问题情境,能够唤醒学生已有知识与生活经验,学生的已有知识、经验、情感得到充分释放。用创意、创新和智慧点燃兴趣,引起真实的学习发生,让困惑、质疑、争辩和批判等成为课堂的风景。			
合作学习	真合作	1. 课堂上学生能够以合作的方式展开学习。 2. 设计聚焦学生发展核心素养的学习活动,学习活动中学生能带着问题去合作交流。 3. 在解决问题过程中引导学生自主学习、积极体验。 4. 课堂气氛活跃有序,学生思维活跃、学习积极主动,在学习活动中获得良好体验。			
探究学习	真探究	1. 教学方式与教学内容相适应,既体现方式的个性化、多样化,又注重实效。 2. 落实自主探究的学习方式,重视对学生思维方法和学习方法的指导,借教学智慧推进课堂的多样态、品质化。 3. 开展助力教学目标达成和高品质学习下的一切教学创意、创新和创造性活动。			
课堂生成	真生成	1. 备课从经验思维走向实证思维。内容与学情分析准确、全面,关注学生起点,预设体现科学性、适切性和可行性,实施具有针对性和实效性。 2. 教学环节完整,课堂容量适当,时间分配合理,教学过程紧凑流畅。			
学习收获	真收获	1. 评价贯彻于教学的全过程,教学评融为一体,指向学生学科核心素养和终身发展。 2. 借助信息化手段,基于数据统计进行精准评价。 3. 基于观察、对话和合作探究进行合理适切的评价,教学的评价体现科学性、全面性和发展性,体现学科核心素养,促进学生在学科思维、实践能力、情感与价值观等方面的发展。			
总评					

二、构建"真智学科",推进学科课程校本化实施

"智"即聪颖、智慧。"真智学科"旨在通过学科课程矩阵来确定课程与学校育人目标之间的相互对应,分析课程对育人目标的达成支持度,优化课程体系,通过聚焦目

标、构建链条、组合搭配、整合优化四个步骤,构建学科课程群。

（一）"真智学科"的建设路径

根据学校师资力量,倡导教师在国家课程校本化实施的基础上总结经验,以国家课程为原点,一方面完成国家课程,另一方面开发拓展课程,设计学科特色课程群。

1. "诗意语文"课程群。诗意,是人的文化修养的最高表现形式,也是语文教学的灵魂。走进"诗意语文",走进"诗意课堂",究清语文的内涵本质。我们的语文不仅要把这种诗意弥漫到教学的课堂上,还要把它播撒进学生的心灵中,把诗意的精神融进学生的世界中。

2. "慧玩数学"课程群。我校的教育哲学是"求真"。数学更是求真的教育。而孩子的天性爱玩,我们就让孩子在玩中学,学中玩。在生活中发现数学问题、解决数学问题,并把它们用不同的形式展现出来。

3. "E趣英语"课程群。在低年级培养学生的语言兴趣,发现语言魅力。依据英语学科涵盖听、说、读、写和综合性应用五个板块,设计了知音识趣、言高趣远、涉笔成趣等板块的学习内容,让英语学习逸趣横生,让学生做与世界的对话人。

4. "乐动体育"课程群。陶行知提出,一名追求真理的学生应该有"农夫的身手"。落实在体育与健康课程就是:坚持"健康第一"的指导思想,促进学生健康成长;激发运动兴趣,培养学生终身体育的意识;以学生发展为中心,重视学生的主体地位;关注个体差异与不同需求,确保每一个学生受益。

5. "悦韵音乐"课程群。学生通过国家课程、校本课程、社团活动等途径来学习音乐艺术,不断汲取艺术中的真善美,慢慢学会发现美、展示美、创造美,提升审美情趣等核心素养。

6. "真艺美术"课程群。"真艺美术"要求:学生以个人或集体合作的方式参与美术活动,激发创意,了解美术语言及其表达方式和方法,运用各种工具、素材进行创作,表达情感与思想,改善环境与生活,学习美术欣赏评述的方法,提高审美能力,了解美术对文化生活和社会发展的独特作用。学生在美术学习过程中,丰富视觉、触觉和审美经验,获得对美术学习的持久兴趣,形成基本的美术素养。

7. "乐游科学"课程群。科学课程是一门国家课程,根据教育部的最新要求,科学课要从一年级开始开设。我校的"乐游科学"课程群,体现了科学课程在实施中的两个理念："乐"是学校科学课的第一理念，要让科学课程变得趣味横生，从头"玩"到尾，在有趣的实验、互动和游戏里学科学，感受科学带来的快乐；"游"象征着学生的"小脚丫"在科学的世界里漫步、遨游。

（二）"真智学科"的主要内容

"真智学科"课程群包含国家基础性课程和拓展课程两大类，通过课程领域、课程资源、课程目标以及实施途径的制定与完善，完成学科课程群建设，具体内容如下：

1. "诗意语文"课程群以识字写字、阅读、口语交际、习作（写话）、综合性学习五大板块设计学科拓展课程（见表2-4）。

表2-4 金水区纬五路第一小学"诗意语文"课程设置表

年级	课程领域	课程名称	课程目标
一年级	识字写字	生字开花 铅笔书法达人	让学生喜爱书写汉字，能用铅笔书写出整齐、美观的拼音和汉字，掌握拼音和汉字在田字格内的具体位置，学会查字典，同时养成良好的书写习惯和正确的书写姿势。
	阅读	书中识趣 绘读经典	喜欢阅读，能够阅读简单的文本或者绘本，会将所读到的文本分享给他人，会表达自己阅读后的体验和想法。
	口语交际	津津乐道 口语达人	能认真听别人讲话，努力了解讲话的内容，有表达的自信心。
	写话	你说我写 绘写	能够通过对身边事物的观察，写出自己的想法。掌握常用的标点符号的用法。
	综合性学习	学来乐用 语文百科	学会发现周边实物，乐于参加学习活动，乐于与同伴交流互动。
二年级	识字写字	字字珠玑 书写能手	学会多种识字方法，能够在田字格的辅导下掌握汉字的间架结构，学会脱离田字格书写美观、整齐的汉字，初步具有排版布局的意识。书写干净、姿势正确、习惯良好。
	阅读	书不释手 我爱阅读	养成良好的阅读习惯。能够借助工具书阅读较为长篇的文字材料。阅读后能够清晰表达自己的想法。会通过朗读表达自己的阅读情感。学会积累阅读词句。
	口语交际	谈天说地 乐说	学会大方、得体地与他人交流，能够通过倾听的方法掌握交流的主题和要领。
	写话	乐写善思 悦写话	对写话有兴趣，在写话中乐于运用阅读和生活中学到的词语。
	综合性学习	用以促学 身边的语文	拓宽学生的知识面，明白"生活处处有语文，处处留心皆学问"的道理。

(续表)

年级	课程领域	课程名称	课程目标
三年级	识字写字	说词解意 用词达人	学会使用多种工具书,能够运用多种方法识记汉字,初步具有独立识字的能力,养成主动识字、乐于识字的兴趣。学会用钢笔书写汉字。
	精品阅读	开卷有益 阅读汇	学会默读,能够通过文字材料,了解其含义,并掌握一定的阅读方法,具有一定的阅读速度。阅读积累方法得当,数量相当。
	口语交际	妙语连珠 说服术	学会通过口语交际,了解彼此的心声,学会说服他人,能用具有逻辑的话语打动他人。在交流中掌握说话的艺术,同时具备良好的礼仪习惯。
	习作	跃然纸上 诗绘图	尝试书写完整的文字材料,能够通过习作表达自己的真实情感,运用已经掌握的阅读内容和积累的词语组织文字材料。
	综合性学习	学以致用 探秘文字	参加语文学科研究性学习,掌握研究性学习的基本方法。学会发现问题,设计问卷、开展调查研究。
四年级	识字写字	说文解字 解字达人	掌握汉字的间架结构,能够书写出美观的汉字,学会排版布局。对汉字进行自学并具有辨析能力。
	阅读	悦读分享 读有所悟	养成不动笔墨不读书的习惯,通过阅读及批注,了解文本材料的深刻含义,能与阅读材料展开对话,经常诵读中华经典诗词、诗歌、散文,在校园内表演、传唱,传承优秀民族文化。
	口语交际	言之有理 说理辩论	在口语交际中,提升自我的感知能力,掌握交流的艺术,学会委婉的表达、艺术的争辩。
	习作	妙笔生花 我爱创作	学会用文字进行清晰的表达,具有一定的写作速度,习作字数有所增加。会在写作中产生创作的灵感。
	综合性学习	妙用善思 我爱设计	学会通过小组合作学习的方式发现生活中的语文问题,制定研究方案,开展研究性学习。对研究结果提出发展性建议。
五年级	识字写字	创意汉字 创意书写达人	掌握一定数量的汉字,并具有一定的书写速度。学会书写出美观的钢笔书法作品。初步掌握软笔书法的书写能力。
	阅读	博览群书 万卷阅读	具有丰富的阅读视野,能够在阅读中提高语言表达能力等综合素养;诵读优秀诗文,注意通过语调、韵律、节奏等体味作品的内容和情感。
	口语交际	能言善辩 金声玉振	能够公开进行演讲、交流,在交流中释放个人的魅力。
	习作	绘本飘香 秉笔直书	能具体明确、文从字顺地表达自己的见闻、体验和想法。能根据需要,运用常见的表达方式写作,发展书面语言运用能力。

(续表)

年级 \ 领域 \ 课程		课程名称	课程目标
五年级	综合性学习	学用相长 文字飘香	能够运用多种知识解决生活中的问题。对发现的问题开展思辨，并通过一定的研究方法得到问题的解决和应用。
六年级	识字写字	书法艺术 笔走龙蛇	有较强的识字能力，不因识字不全而对阅读产生阻碍。掌握书写任何文体的排版布局，形成方正美观的书写体。学会用软笔书写作品，对软笔书法产生兴趣。
	阅读	知书达理 我与书本比身高	学会精读和快速阅读两种阅读方式，通过阅读了解世界，让阅读成为生活习惯。在阅读理解中，掌握一定的方法论，学会辩证主义思想，让阅读充盈精神世界，丰富诗意人生。
	口语交际	声情并茂 出口成章	能够通过语言的力量印证个人的文化素养。
	习作	多维习作 诗文意趣	掌握文字处理能力，能够撰写出精彩动人的章节，通过文字流淌出心灵的想法、对世界的感怀，对未来的向往。
	综合性学习	知行合一 诗意生活	能够独立开展小课题研究。应用科学的研究方法和研究过程，对研究问题产生思考，具有一定的创新意识和实践能力。

2."慧玩数学"课程群以数与代数、空间与图形、统计与概率、综合与实践四大板块设计学科拓展课程(见表2-5)。

表2-5　金水区纬五路第一小学"慧玩数学"课程设置表

年级 \ 领域 \ 课程		课程名称	课程目标
一年级	数与代数	口算小达人	提高100以内加减法计算速度和正确率。
	空间与图形	乐赏图形	进一步体会平面图形与例题图形的联系；初步尝试用数学的眼光观察世界。
	综合与实践	校园初探	感受数学的美，培养学生对数学的兴趣；感受数学的美，培养学生对数学的兴趣。
二年级	数与代数	速算小达人	提高表内乘法计算速度和正确率。
	空间与图形	百变图形	在动手操作的过程中感受图形的特性；尝试用数学的眼光观察世界。
	综合与实践	校园"寻宝"	在实际情境中发展学生的计算能力；在实际情境中培养学生的观察能力。

(续表)

领域 年级 课程	课程名称	课 程 目 标
三年级 数与代数	比比皆"试"	提高大数加减法计算速度和正确率。
三年级 空间与图形	"慧"玩图形	利用例题图形搭一搭,再进行观察;通过同一图形的评议和旋转设计主题连环画。
三年级 统计与概率	有理有据	初步经历收集数据整理数据的过程。
三年级 综合与实践	校园"探险"	在实际测量中发展学生的合作能力和解决问题的能力;在实际测量中发展学生的合作能力和解决问题的能力。
四年级 数与代数	趣味"慧"算	熟练简便计算。
四年级 空间与图形	智慧图形	测量不同滑梯与地面的夹角,设计适合自己的滑梯;用三角形和四边形设计美丽的图案。
四年级 统计与概率	据理力争	建立可能性与生活的联系;经历在生活中收集数据整理数据的过程。
四年级 综合与实践	"探索"达人	综合性的应用数学知识解决生活中的问题;建立数学与生活的联系。
五年级 数与代数	算中生"智"	在计算中寻找巧算的方法。
五年级 空间与图形	七彩设计	在实际生活中进一步理解表面积的相关知识并进行应用。
五年级 统计与概率	理争上游	根据随机现象设计游戏,使游戏具有公平性。
五年级 综合与实践	旅游探秘	在制定旅游计划的过程中综合运用所学知识。
六年级 数与代数	老谋"神"算	综合提高计算能力。
六年级 空间与图形	设计大师	进一步理解并综合应用图形位置、测量、比例、数据收集等知识,通过动手实践,团队协作,设计方案。
六年级 统计与概率	顺理成章	经历"收集数据—选择合适的方法整理数据—分析数据—绘制统计图"的过程。
六年级 综合与实践	社会调查	经历"收集数据—选择合适的方法整理数据—分析数据—绘制统计图"的过程,并根据数据分析作出决策。

3. "E趣英语"课程群以听、说、读、写及综合性学习等板块设计学科拓展课程(见表2-6)。

表2-6 金水区纬五路第一小学"E趣英语"课程设置表

领域 年级 课程	课程名称	课 程 目 标
一年级 听、说	惟妙惟肖 ABC 说对话	欣赏、学习、模仿和借鉴相结合,初步培养语音语调和语感能力。

年级 领域 课程		课程名称	课程目标
一年级	听、读	Phonics 读字母 Phonics 读组合	通过阅读英文故事、绘本等，增加英语学习兴趣，积累日常词汇量，了解语境中单词的使用，体会英文语言魅力，提高英语的综合语言能力。
	综合	世界之窗——走进亚洲	认识亚洲，拓宽视野，培养文化意识。
二年级	听、说	侧耳倾听 Do Re Mi 耳听八方绕口令	欣赏、学习、模仿和借鉴相结合，初步培养语音语调和语感能力。
	听、读	绘本花园数字篇 绘本花园颜色篇	通过阅读英文故事、绘本等，增加英语学习兴趣，积累日常词汇量，了解语境中单词的使用，体会英文语言魅力，提高英语的综合语言能力。
	综合	世界之窗—— 聚焦西亚	通过对西方文化的了解，有助于学生交际能力的提高，使学生开阔眼界，拓宽了知识面。
三年级	听、说	耳听心受，听说听道	通过欣赏、学习，培养唱英语的兴趣。
	读	绘本花园动物篇 绘本花园生活篇	通过阅读英文故事、绘本等，增加英语学习兴趣，积累日常词汇量，了解语境中单词的使用，体会英文语言魅力，提高英语的综合语言能力。
	写	玩转字母 玩转单词	学生养成正确书写的态度，在书写的过程中注意大小写、标点等书写习惯的培养。
	综合	世界之窗——走进 南美洲、北美洲	通过对西方文化的了解，助于学生交际能力的提高，开阔眼界，拓宽知识面。
四年级	听、说	耳听心受，听说听道	通过欣赏、学习，培养唱英语的兴趣。
	读	绘本花园动物篇 绘本花园生活篇	通过阅读英文故事、绘本等，增加英语学习兴趣，积累日常词汇量，了解语境中单词的使用，体会英文语言魅力，提高英语的综合语言能力。
	写	玩转字母 玩转单词	使学生养成正确书写的态度，在书写的过程中注意大小写、标点等书写习惯的培养。
	综合	世界之窗——走进 南美洲、北美洲	通过对西方文化的了解，有助于学生交际能力的提高，使学生开阔眼界，拓宽知识面。
五年级	听、说	奇幻光影 海底总动员 声临其境	提升英语学习兴趣，提高口语表达能力和听力。
	读	小书虫之海盗的宝藏（上） 小书虫之海盗的宝藏（下）	提升英语阅读能力。
	写	四线三格书美文 规范书写我最棒	学会书写美文。
	综合	世界之窗——畅 游英法德意	了解英国、法国、德国、意大利四个国家的国旗，饮食，景点，风土人情等。

(续表)

年级 \ 领域 \ 课程		课程名称	课程目标
六年级	听	光影品鉴《寻梦环游记》音乐之声	通过对英文原声影片的观看与学习,提高学习英语的兴趣,拓展了眼界,了解了国外的风景、人文、习俗。
	读、说	快乐阅读 美文品读	通过阅读英文绘本,增加日常词汇量,了解语境中单词的使用,提高英语的综合语言能力。
	写	妙笔生花 下笔千言	培养初步的写作能力、基本的造句能力,掌握一些固定的英语语言表达;学会小组合作学习,交流信息,提高英语写作能力,掌握英语写作中组织语言的基本方法;培养学生用英语叙述身边的人或事物的习惯,学会热爱生活、享受生活。
	综合	世界之窗——遨游西班牙、澳大利亚、瑞士希腊	通过对西方文化的了解,助于学生交际能力的提高,使学生开阔眼界,拓宽知识面。

4. "乐动体育"课程群以运动参与、运动技能、身体健康、心理健康与社会适应四大板块设计学科拓展课程(见表2-7)。

表2-7　金水区纬五路第一小学"乐动体育"课程设置表

年级 \ 领域 \ 课程		课程名称	课程目标
一年级	运动参与	乐动参与——爱上体育课	上好体育课与健康课并积极参加课外体育活动。
	运动技能	乐动技能——我身边的小秘密	学习基本的身体活动方法和体育游戏,学习不同的体育活动方法。
	身体健康	乐动健康——雁鸣新姿	注意保持正确的身体姿势,如坐、立、行姿态和读写姿势。
	心理健康与社会适应	乐动心理——雏鹰展翅	在体育活动中,适应新的合作环境。
二年级	运动参与	乐动参与——安全游戏小达人	初步学习和了解体育与健康的基础知识,知道简单的教学常规、教学要求。
	运动技能	乐动技能——掷向远方	初步了解安全运动以及日常生活中有关安全避险的知识和方法。
	身体健康	乐动健康——小袋鼠蹦蹦	初步发展柔韧性、灵敏性和平衡能力。
	心理健康与社会适应	乐动心理——舞动红扇	在体育活动中爱护和帮助同学。

(续表)

年级	领域 课程	课程名称	课 程 目 标
三年级	运动参与	乐动参与——运球小能手	学习和了解体育与健康的基础知识,知道简单的教学常规、教学要求。
	运动技能	乐动技能——极速翻滚	提高基本身体活动和完成体育游戏的能力。
	身体健康	乐动健康——运动小能手	了解个人卫生保健知识和方法。
	心理健康与社会适应	乐动心理——小小功夫家	坚持完成有一定难度的体育活动。
四年级	运动参与	乐动参与——燃烧吧,体能	积极参加多动体育锻炼。
	运动技能	乐动技能——幸福传递	重视体育活动和日常生活中的安全问题。
	身体健康	乐动健康——绳尖上的跳跃	初步了解疾病的预防知识,改善体形和身体姿态。
	心理健康与社会适应	乐动心理——功夫熊猫	在体育活动乐于交流与合作,遵守运动规则并初步自我规范体育行为。
五年级	运动参与	乐动参与——奥林匹克的中国梦	学会通过体育活动进行积极性休息。
	运动技能	乐动技能——极速健将	学会体育学习,观看体育比赛。
	身体健康	乐动健康——小小大力士	在游戏中学习体育,在游戏中收获乐趣,让孩子既长了知识,培养了运动能力,又轻松快乐。
	心理健康与社会适应	乐动心理——功夫小能手	在体育活动中,让孩子们的心理品质得到锻炼。
六年级	运动参与	乐动参与——迈向青春	感受多种体育活动和比赛的乐趣。
	运动技能	乐动技能——跨越彩虹	丰富奥林匹克运动的知识,了解运动项目的知识。
	身体健康	乐动健康——冲向未来	在武术中学习体育,在武术中收获乐趣,让孩子既长了知识,培养了运动能力,又轻松快乐。
	心理健康与社会适应	乐动心理——武术少年	在体育活动中,让孩子们的心理品质得到锻炼。

5."悦韵音乐"课程群以唱、奏、听、演四大板块设计学科拓展课程(见表2-8)。

表2-8 纬五路第一小学"悦韵音乐"课程设置表

年级	课程领域	课程名称	课 程 目 标
一年级	唱	苗苗小歌手	学会自信大胆唱。
	奏	苗苗小乐手	能相互配合演奏。
	听	Do Re Mi	听准唱准单音。
	演	小荷尖尖角	学会配合歌曲进行表演创造。
二年级	唱	苗苗小歌手	学会自信大胆唱。
	奏	苗苗小乐手	能相互配合演奏。
	听	Do Re Mi	听准唱准单音。
	演	小荷尖尖角	学会配合歌曲进行表演创造。
三年级	唱	花儿小歌手	表情丰富带有动作演唱。
	奏	花儿小乐手	手型正确无错音。
	听	Mi Fa So	三度旋律音,能哼唱听准。
	演	花儿朵朵开	学会主动思考分析作品并演、创造。
四年级	唱	花儿小歌手	表情丰富带有动作演唱。
	奏	花儿小乐手	手型正确无错音。
	听	Mi Fa So	三度旋律音,能哼唱听准。
	演	花儿朵朵开	主动思考分析作品并演、创造。
五年级	唱	金莺小歌手	感情丰富有处理演唱。
	奏	快乐小乐手	演奏旋律完整的曲子。
	听	La Si Do	听准和声程。
	演	花儿齐开放	在欣赏的基础上再创造演出。
六年级	唱	金莺小歌手	感情丰富有处理演唱并表演。
	奏	快乐小乐手	演奏旋律完整的曲子。
	听	La Si Do	听准和声程。
	演	花儿齐开放	学会在欣赏的基础上创演。

6."真艺美术"课程群以造型表现、设计应用、欣赏评述、综合探究等板块设计学

科拓展课程(见表2-9)。

表2-9　金水区纬五路第一小学"真艺美术"课程设置表

年级	领域	课程名称	课　程　目　标
一年级	欣赏评述	赏趣名画	学会赏析12幅名画。
二年级	造型表现	童真溢彩	通过对各种美术媒材、技巧和制作过程的探索及实验,发展艺术感知能力和造型表现能力。
	欣赏评述	艺术世界	学会赏析12幅名画。
三年级	造型表现	玩转水粉	通过对各种美术媒材、技巧和制作过程的探索及实验,发展艺术感知能力和造型表现能力。
	设计应用	奇趣世界	进行初步的设计和制作活动,体验设计、制作的过程,发展创新意识和创造力。
	欣赏评述	名画长廊	学会赏析12幅名画。
四年级	造型表现	水墨游戏	通过对各种美术媒材、技巧和制作过程的探索及实验,发展艺术感知能力和造型表现能力。
	设计应用	神奇的瓶盖	进行初步的设计和制作活动,体验设计、制作的过程,发展创新意识和创造力。
	欣赏评述	视觉中华	学会赏析12幅名画。
五年级	造型表现	书画学堂	通过对各种美术媒材、技巧和制作过程的探索及实验,发展艺术感知能力和造型表现能力。
	设计应用	纸艺花束	进行初步的设计和制作活动,体验设计、制作的过程,发展创新意识和创造力。
	欣赏评述	艺术大师	学会赏析12幅名画。
	综合探究	国画悠韵	将美术学科与其他学科融会贯通的方法,提高综合解决问题的能力。
六年级	造型表现	创意课堂	通过对各种美术媒材、技巧和制作过程的探索及实验,发展艺术感知能力和造型表现能力。
	设计应用	刻印工坊	进行初步的设计和制作活动,体验设计、制作的过程,发展创新意识和创造力。
	欣赏评述	品墨大家	学会赏析12幅名画。
	综合探究	书香字卷	将美术学科与其他学科融会贯通的方法,提高综合解决问题的能力。

　　7."乐游科学"课程群以科学知识、科学探究以及科学、技术、社会与环境三大板块设计学科拓展课程(见表2-10)。

表 2-10 纬五路第一小学"乐游科学"课程群设置表

年级	领域 / 课程	课程名称	课 程 目 标
一年级	科学知识	乐知阅读——物质科学我知道	观察、描述常见物体的基本特征;辨别生活中常见的材料;知道常见的力。
	科学探究	乐学探究——我身边的小秘密	帮助学生从我们的身边平凡的事物发现不平凡的科学故事,学习科学发展的历程,启发对科学的兴趣。
	科学、技术、社会与环境	乐动游戏	在游戏中学习科学,在实验中收获乐趣,让孩子既长了知识,培养了动手能力,又轻松快乐。
二年级	科学知识	乐知阅读——物质科学我知道	测量、描述物体的特征和材料的性能;描述物体的运动,认识力的作用;了解不同形式的能量。
	科学探究	乐学探究——我的新发现	帮助学生从我们的身边平凡的事物发现不平凡的科学故事,学习科学发展的历程,启发对科学的兴趣。
	科学、技术、社会与环境	乐动游戏	在游戏中学习科学,在实验中收获乐趣,让孩子既长了知识,培养了动手能力,又轻松快乐。
三年级	科学知识	乐知阅读——生命科学我知道	初步了解植物体和动物体的主要组成部分,知道动植物的生命周期;初步了解动物和植物都能产生后代,使其世代相传;能根据有关特征对生物进行简单分类;初步认识人体的主要生命活动。
	科学探究	科学探究——我会探究	在教师引导下,能从具体现象与事物的观察、比较中,提出可探究的科学问题。能基于已有经验和所学知识,从现象和事件发生的条件、过程、原因等方面提出假设。并能够简单完成调查研究。
	科学、技术、社会与环境	乐动游戏	在游戏中学习科学,在实验中收获乐趣,让孩子既长了知识培养了动手能力,又轻松快乐。
四年级	科学知识	乐知阅读—地球与宇宙科学	知道太阳、地球、月球的运动特征,知道与它们有关的一些自然现象是有规律的;初步了解地球上大气、水、土壤、岩石的基本状况;初步认识大自然为人类生存提供了各种自然资源和能源,以及大自然中的一些自然灾害。
	科学探究	科学探究——科学调查活动	在教师引导下,能基于所学知识,制订简单的探究计划。能运用感官和选择恰当的工具、仪器,观察并描述对象的外部形态特征及现象。
	科学、技术、社会与环境	科技改变生活	了解生活中常见的科技产品及其给人类生活带来的便利,对人类生活方式和思维方式的影响。
五年级	科学知识	乐知阅读—技术与工程	了解技术是人们改造周围环境的方法,是人类能力的延伸,工程是依据科学原理设计和制造物品、解决技术应用的难题、创造丰富多彩的人工世界的一系列活动;了解科学技术推动着人类社会的发展和文明进程。
	科学探究	科学探究——解开科学的面纱	能基于所学的知识,用科学语言、概念图、统计图表等方式记录整理信息,表述探究结果。运用分析、比较、推理、概括等方法得出科学探究的结论,判断结论与假设是否一致。

(续表)

年级	领域	课程名称	课程目标
五年级	科学、技术、社会与环境	科技改变社会	了解并意识到人类对产品不断改进以适应自己不断增加的需求；了解人类需求是影响科学技术发展的关键因素了解人类的好奇和社会的需求是科学技术发展的动力,技术的发展和应用影响着社会发展。
六年级	科学知识	乐知阅读——科学知识我最爱	全面了解科普知识,学会选择自己感兴趣的问题进行深入了解和学习。
	科学探究	科学探究——科学没那么神秘	能基于所学的知识,采用不同的表述方式,如科学小论文、调查报告等方式,呈现探究的过程与结论(能基于证据质疑并评价别人的探究报告。能对探究活动进行过程性反思,及时调整,并对探究活动进行总结性评价,完善探究报告。
	科学、技术、社会与环境	人类与自然	了解人类的生活和生产可能造成对环境的破坏,具有参与环境保护活动的意识,愿意采取行动保护环境、节约资源。认识到人类、动植物、环境的相互影响和相互依存关系,了解地球上的资源是有限的,人类活动会对环境产生正面和负面的影响,自觉采取行动,保护环境。

(三)"真智学科"课程评价要求

学科课程群建设通过建立评估体系来保障其有效实施,"真智学科"应具有以下几项标准:

1. 课程哲学内涵丰盈。学科课程哲学指向清晰,与学校教育哲学保持一致,体现学校的办学理念,并具有其学科特色,内涵丰盈。

2. 课程目标指向清晰。学科课程群目标指向应依据学科课程标准及学校育人目标,基于学校实际,应将目标定位高于学科课程标准。

3. 课程内容丰富多维。学科课程群除规定的国家课程之外,拓展类课程应丰富多彩,以学生需求为主,为学生的全面发展搭建平台。

4. 课程实施科学高效。课程实施方法得当,措施有力,充分体现学生的主体地位,有利于学生兴趣的激发。教师教学效率高,教学效果好。

5. 课程评价规范全面。课程评价做到多元、全面。结合过程性评价和终结性评价,发挥评价的诊断和激励功能,对学生学习情况进行整体评价。根据细则,进行积分,评出规范课程、优质课程和精品课程(见表2-11)。

表 2-11　金水区纬五路第一小学"真智学科"课程评价细则表

评估分类	评 估 标 准	评估方式	权重	得分
课程哲学	课程哲学与学校教育哲学相一致。	查看课程方案	10%	
	课程理念彰显学科课程特色,特色鲜明。		10%	
课程目标	总目标指向清晰,高于学科课程标准,与核心素养相对应。	查看课程方案	10%	
	年级目标与学生年龄特点相符合,设定科学、可行,具有层次性。	查看课程方案、学科课程纲要	10%	
课程内容	课程内容丰富,整体设置具有逻辑性,有梯度,有难度。与课程目标相一致,暗含课程目标,内容与学生生活实际相结合。	查看学科课程纲要	10%	
	教材准备充分,适合学生学习,资源丰盈,形式多样	查看学科教材	5%	
课程实施	课时安排合理,有一定的科学性。	查看学科课程纲要	5%	
	课程实施方法得当,措施有力,充分体现学生的主体地位,有利于学生兴趣的激发。组织有序,指导学生运用探究、合作等方法。	入班观课"真识课堂"评价表评价	20%	
	学生能在课程中知识技能明显提高,学生喜爱程度高。		10%	
课程评价	评价内容具体,措施方法得当,权重明确。	入班观课查看学科课程纲要及学生学业评价档案	10%	

三、开设"真味节日",推进节日庆典课程的实施

丰富多彩的节日活动课程,在体验教育和实践活动中丰富感性积累,提升理性认知,搭建学习和研讨的平台,在交流中促使学生增强认识,增加能力,关注民俗风情,亲近传统文化,弘扬华夏文明。

(一)"真味节日"的主要类型及实施

"真味节日"通过预定时间开展节日庆典课程,在学校德育处、教导处的统一组织下,进行节日课程的设置、节日活动方案的制定,组织全校学生或某一年级学生参与开展。

"真味节日"分为传统节日课程、现代节日课程和校园节日课程。

学校的传统节日课程,实施目标是要在孩子的心灵中播种传统文化的根。而中华

传统节日正是传统文化教育的很好的载体。以"真味节日"为主题的系列课程的开发，传统节日与拓展课程有机结合，找到传统节日的真正韵味，感受中华民族的民族之魂。

现代节日课程来自于学生的亲身经历，学校选择具有教育意义的现代节日开展课程实施，拓展学生视野，丰富人生体验。

校园节日是彰显学校特色，体现育人目标的课程内容之一，学校根据文化传统和特色项目，设置了丰富的校园节日课程。

"真味节日"课程设置如下（见表 2 - 12）。

表 2 - 12　金水区纬五路第一小学传统节日课程设置表

课程分类	月份	节日	主题	活　动
传统节日	一月	春节	春之声	写春联、包饺子、拜大年
	二月	元宵节	元宵喜乐会	诗词大会、赏灯做灯
	三月	清明节	春天的追忆	清明诗词会、民族先烈追思
	五月	端午节	端午安康	制作香囊、包粽子
	八月	中秋节	每逢佳节倍思亲	中秋诗会
	九月	重阳节	敬老爱老	孝心传递，我为长辈做件事
现代节日	一月	元旦	迎新年	迎新年元旦联欢会
	三月	植树节	爱绿护绿　保护环境	开展植树活动，节约用纸活动
		学雷锋	学习雷锋好榜样	为社区、学校或者别人做一件好事
	五月	劳动节	我爱劳动	卫生大扫除，进社区义务劳动
		母亲节	妈妈我爱你	为妈妈做一件事
	六月	六一节	阳光自信魅力绽放	开展"六一"文化周展示
	七月	建党节	童心向党	开展党的故事手抄报比赛
	八月	建军节	庆"八一"鱼水情	走进部队，了解军队历史故事，唱红歌
	九月	教师节	老师辛苦了	和老师说说心里话
	十月	国庆节	献礼国庆	开展为祖国献礼活动
校园节日	三月	阅读文化节	阅来分享	与大作家见面、阅读分享活动
	五月	校园艺术节	根据年度目标主题不同	艺术展演
	五月	校园创客节	我创故我在	创意集市、创客活动
	十月	建队节	童心向党	参观队室、少先队知识手抄报比赛

（二）"真味节日"课程评价

"真味节日"课程的评价通过对课程目标和课程实施的全过程进行整体评价。课程目标要求在达成度方面有一定的效果，课程目标应准确，清晰。课程实施要求在其有效性方面具有一定体现，课程实施不流于形式，实施形式丰富多彩，有利于提高学生的兴趣，充分和学生生活相结合，具有一定的教育意义（见表 2-13）。

表 2-13　金水区纬五路第一小学"真味节日"评价表

A级指标	B级指标	评 估 标 准	分值	得分
节日准备	方案设计	方案设计全面、周到，有实施目标、有时间安排，有评价方式。	15	
目标达成	目标设置	活动目标设置合理，年级目标适切。	15	
	目标清晰	活动目标清晰、明确，师生能够按照目标要求开展活动。	15	
实施有效	实施方法	实施方式丰富多彩，与学生的生活相结合。	25	
	评价方式	评价方式多元有效，起到提高学习兴趣的作用。	20	

四、组织"真趣社团"，培养学生的个性特长

学生社团是现代学校建设的重要资源，随着课程内容的不断拓展，学生社团已经成为发展学生自主管理的新型课程，是实施素质教育的重要内容。"真趣社团"以学校"求真教育"哲学为指导，在学生喜闻乐见的生活情境中组织社团，在学校校园文化建设中起到了提升层次、构建载体、凝聚学生、群体示范的作用，从而形成学校的品牌项目。

（一）"真趣社团"的主要类型及内容

"真趣社团"建设以"兴趣"为主导，通过培养学生的兴趣爱好，发展个性特长为抓手，为学生提供展示自己爱好与技能的广阔舞台，展现最真实的自己。通过这一展示舞台，锻炼学生的身体素质，促进学生身心发展；培养学生的竞争意识，合作精神和坚强毅力；丰富学生的知识，尽最大可能地发挥出自己的才智，挖掘自身最大的潜力。"真趣社团"社团课程结构如下图所示（见表 2-14）。

表 2-14　金水区纬五路第一小学"真趣社团"设置表

类别 ＼ 社团名称	真 趣 社 团
体育健康类	Shining Star 啦啦操　腾飞田径　热火男篮　Hope 女篮　冠军围棋　梦之队 毽球　中华武术　活力排球　飞跃跳绳
语言素养类	模拟联合国　阳光少年戏剧社　商报小记者　大艺术家主持与表演　红领巾 广播站
礼仪成长类	国旗护卫队　校园小卫士　少先队献词　文明监督岗　红领巾礼仪
艺术素养类	金莺合唱团(一团、二团、苗苗团)　扇趣扇韵(书法、国画、水粉、儿童画)　舞彩飞 扬舞蹈团　Twinkle Star 管乐团　五音少年民乐团　少年鼓乐
科技创新类	工科机器人　趣味多米诺　图形化编程　3D 打印社　科学实验社　建筑模型 社团

(二)"真趣社团"的实施途径

"真趣社团"通过社团组建、开展活动、组织评价等方式,集结爱好相同的学生,丰富学生的业余生活,提升学生的学习兴趣,培养爱好特长。其实施途径主要包含以下几个方面:

1. 规范的团队建设。小社团由兴趣爱好相同的少先队员自发组成。有 5 名以上的学生,有 1 名辅导员。社团小干部由学生民主选举产生,报学校德育处批准,有较为明确的分工。

2. 鲜明的社团章程。"真趣社团"应该有有特色、有亮点,有符合社团特色、富于童趣的社团名称;有由学生自己创立,能够充分鼓舞士气,反映出大家的希望与愿望的社团标志;有一句以团员为本,突出社团丰富多彩的活动、积极向上的精神面貌团训的团训;有条目化的明确规定对社团的成员、辅导员的相关职责、活动性质、活动内容等的具体要求。

3. 丰富的社团活动。有完整的年度活动计划、活动记录、活动总结;有固定的活动时间、活动地点;在开展常规活动的同时,能重视特色活动的开展。

4. 成果展示。在每一次的活动中注意积累各种原始材料(方案、计划、总结、活动图片),为日后的展示活动提供充分的保障。

5. 考核与奖励。对在社团活动中表现突出的学生,社团负责人可上报德育处给予该学生表彰以资鼓励;对活动中表现突出的社团,给予社团负责人表彰奖励。社团在一学期内未举办过两次以上的大型活动,该社团即被取消资格,自动解散。学生累计有 3 次以上(含 3 次)不参加社团活动的,即被取消资格。

(三)"真趣社团"的评价要求

"真趣社团"的评价目的和方法等方面应具有全面性、系统性,应按照动态生成、真实情境、多元评价、尊重差异、注重过程、关联结果的基本取向开展评价工作。根据标准,我们每年评选出校级品牌社团,并进一步参加金水区新星、银星、金星社团的评比(见表 2-15)。

表 2-15　金水区纬五路第一小学"真趣社团"评价表

评估项目	评 估 标 准	评估方式	得分	
			自评	督评
课程规划 30分	社团有规范、健全的组织机构,有活动场所。社团指导教师,能够指导学生社团建设。15 分	访谈学生、查阅资料		
	有社团章程和管理制度,有计划有总结。工作计划任务明确、重点突出、措施得力。工作总结全面具体。15 分	访谈学生、查阅资料		
课程实施 40分	社团活动常态化、规范化,做到前有计划,后有总结。每学期活动不少于 15 个课时,过程性资料详实。20 分	查阅资料,访谈学生		
	社团每学年至少进行 1 次校内交流展示。20 分	查阅资料		
课程评价 30分	有固定的招收团员办法,根据社团现状,适时招收团员。社团规模建制不少于 10 人,每学年至少对团员进行一次评定。15 分	访谈学生、查阅资料		
	积极参加本社团组织的各项活动,并积极参加各级比赛,取得荣誉表彰。15 分	访谈学生、查阅资料		

五、开展"真心活动",拓展学生知识视野

"真心活动"课程以学生的直接经验为主,通过学生亲自实践,主动发现和获取有关的知识,使技能、能力、情感、意志等得到训练和培养。主要价值在于让学生活动,获得对现实世界的直接经验和真实体验。与学科课程可以相互补充,相得益彰。

(一)"真心活动"课程内容及实施

开展跨学科、跨思维的综合实践活动,主题为"REAL 课程","REAL"是指真实,

"REAL"课程秉承"让学习真实的发生"这一理念,由"research(调查)""engender(产生)""analyse(分析)""locate(探明)"组成,寓意通过问题研究的四个步骤来完成学习,即调查现象、产生问题、分析探究、探明真相。给学生真正的学习体验,从学生的真实生活出发,走出校园,走向社区,开展调查研究,培养学生的创新精神、求真意识和实践能力。

(二)"真心活动"课程评价制度

"真心活动"评价运用发展性评价方式,就是依据每项活动方案中的目标,按照一定标准和运用一定方法,对教学过程和教学结果的价值判断。要求注重过程、尊重多元、注意反思,其具体体现在关注学生获得结果和体验的过程,尊重个性自我的表达方式,反思自己的实践活动,自我改进。"真心活动"课程评价设置(见表2-16)。

表2-16　金水区纬五路第一小学"真心活动"课程评价表

评价项目	评价要点	评 价 标 准	权重	得分
活动目标和内容	目标明确	符合学校育人目标,与学校课程目标相对应。	5	
	切合实际	贴近生活,贴近学生,丰富学生的直接经验。	5	
	内容丰盈	引入多种信息,运用多种知识。	5	
	内容实用	容量适当,难易得当。	5	
活动方式方法	组织形式	组织形式符合学生的成长规律。	5	
	活动方法	方法得当,多法结合,以活动为主。	5	
	指导方法	指导适量,方法得当。	5	
活动过程	活动要素	活动方案详实,活动组织得力,具有安全性。	18	
	活动步骤	活动步骤详实,具有逻辑性,过程紧凑,张弛有度。	12	
活动效果	学生自主性	活动充分体现学生的自主性,学生参与整个活动的方案筹备、活动过程和活动评价各个环节。	10	
	学生能动性	学生参与面广,活动参与过程积极。	15	
	学生创造性	活动方法多样,有相应的活动成果。	10	

六、推动"真我赛事"课程,提供儿童展示自我的平台

开展"真我赛事"课程,每年一度的各种赛事评比,能够发展学生的特性特长,展示学生的风采。

(一)"真我赛事"课程内容及实施

为丰富学生学校学习生活,培育学生个性特长,我们以赛促学,设置了六大赛事。

班级合唱比赛基于我校的合唱特色项目展开。多年来,合唱教学取得了丰富的成果,拥有着良好的师资水平。合唱课程作为学校的校本课程常态、全员开展。每年组织四、六年级开展班级合唱比赛,5月和10月各举行一次。以班级为单位,演唱两首曲子。

班级小乐器比赛是根据教体局小乐器进课堂的要求,开展班级小乐器比赛看,2—6年级所有班级参加比赛,以班级为单位,吹奏两首曲子。

经典诵读比赛是在学校书香校园建设的基础上,于每年4月组织全校范围内的吟诵经典比赛,比赛以班级为单位,全员参加,每班选择经典作品进行5—8分钟的朗诵,内容以年级区分,变现形式多样。

规范书写比赛在每年4月进行,在全校范围内组织开展。一二年级为五言古诗,用铅笔书写;三四年级为七言古诗,用钢笔书写;五六年级为经典美文,用钢笔书写。

全员运动会在每年4月底举行,这是学生最喜爱的赛事,强调运动会的趣味性、科学性、全员参与性,提高学生的兴趣和集体观念。

大课间评比是一项基于每天锻炼一小时理念下的赛事。该赛事常态开展,每学期组织两次大课间评比。评比内容为日常进行的大课间展示内容,利用大课间时间分年级进行。

(二)"真我赛事"课程内容评价

"真我赛事"以各种比赛为课程内容,需要具备详细的比赛规则,对每门赛事课程的评价,我校是从如下方面展开的:

首先,比赛要体现"以人为本"的理念。教师在活动中,要注意角色的转换,要从过去的主导、主角的地位向孩子学习的伙伴、朋友、知己的角色转换。

其次,比赛要具有"公平公正"的规则。每项赛事,都要建立完备的赛事方案,尤其对比赛规则的制定,要有严密的评分系统,避免出现比赛不公正,影响学生比赛成绩的现象。

比赛的效果还要乐于接受。比赛不能为了成绩而进行,而是要将比赛的内容融入到日常的教学行为中,使学生的技能不断得到提高,不能搞突击训练,影响正常教学秩序,使学生产生负面情绪。

最后,比赛全面关注学生。比赛的结果应全面关注学生,对不同层次的学生需要设定不同层次的标准,以激励原则为主。"真我赛事"课程评价(见表2-17)。

表2-17　"真我赛事"课程评价表

评价项目	评 估 标 准	分值	得分
赛事理念	比赛体现"以人为本"的理念。教师在活动中,要注意角色的转换,要从过去的主导、主角的地位向孩子学习的伙伴、朋友、知己的角色转换。	25	
赛事规则	比赛具有"公平公正"的规则。每项赛事,都要建立完备的赛事方案,尤其对比赛规则的制定,要有严密的评分系统,避免出现比赛不公正,影响学生比赛成绩的现象。	25	
赛事效果	比赛的效果乐于接受。比赛不能为了成绩而进行,而是要将比赛的内容融入到日常的教学行为中,使学生的技能不断得到提高,不能搞突击训练,影响正常教学秩序,使学生产生负面情绪。	25	
赛事评价	比赛全面关注学生。比赛的结果应全面关注学生,对不同层次的学生需要设定不同层次的标准,以激励原则为主。	25	

学校课程实施方式是孩子们与世界打交道的方式。学校课程为了实现预期教育结果,通过以上六个方面开展具体实施,在进行课程实施时,学校必须让所有教师动起来,让儿童在诗情画意中感受到美妙的人生真谛,让课程实施所有的渠道畅通起来,学校课程变革图景一定美妙绝伦!

(撰稿人：侯晓红　张力伟)

第三章

愿景描绘： 学校课程发展的途径

愿景是在一定的视野下所看到美好的幻象。课程愿景解答了"课程应该是什么样"的问题,蕴含着学校的课程哲学思想,体现的是当下教育发展对课程的条件支持和理想期待,包括"人文愿景、文化愿景、社会愿景、国家愿景、生态愿景"五个方面的愿景,大致符合"呈现真实情境、引发自主行动、激活综合学习、导向开放结果"四个方面的要求。作为校长或教师,实施课程领导,无论是进行课程规划、选择课程主题、开发校本课程,还是进行课程设计、选择教学资源,都必须对课程的样态有自己的认识。让学生站到课程的正中央,让课程凝聚学生内在生长的力量,让学校成为梦想起飞的场地。

银河星课程：每一颗星都拥有自己的天空

每一个孩子都是一颗星,都会且一定会得到天空的青睐,创造属于自己的美好与精彩。"星教育"哲学思想引领下的"银河星课程",是学校教育对生命的滋养,它养护儿童的美好心性,使他们具有善良、丰富、高贵的内心,为生命的绽放积蓄力量;它尊重接纳每一个独特的生命个体并给予最温暖的欣赏,使其毫无忧惧、快乐而自信地生长;它发现唤醒每一个儿童优势和潜能,帮助其成长为最好的自己,让生命绽放光芒。

在美丽富饶的黄河之滨,中原历史文化名城郑州的北部,坐落着一所年轻的学校——郑州市金水区银河路小学。学校建于 2012 年,占地约 1.3 万平方米。学校布局科学,功能区划合理,校园绿树成荫,环境幽雅。学校建有科技体验中心、创意科教模型教室、趣味纸雕活动室等各类功能教室,教育教学设施完备。建校以来,学校在"星教育"哲学思想引领下,秉持"让生命绽放光芒"的办学理念,积极践行"仰望星空,脚踏实地"的校训,着力塑造"星教育"品牌。学校先后被评为"全国啦啦操实验学校""全国啦啦操星级俱乐部""河南省教育系统 2013—2016 年度示范家长学校""郑州市幸福学校""郑州市五好小公民主题教育先进学校"。

第一部分　学校课程哲学

一所学校的核心竞争力,不在于其空间的大小,而在于教育哲学内涵的深刻与丰富。

一、学校教育哲学

学校的教育哲学是:星教育。我们认为,每一个孩子都是一颗星,每一位教师都是一颗星,教育就是点亮星光的事业。养护师生的美好心性,使他们具有善良、丰富、高贵的内心,为生命的绽放积蓄力量;尊重接纳每一个独特的生命个体并给予最温暖的欣赏,使其毫无忧惧、快乐而自信地生长;发现、唤醒每一个生命的优势和潜能,帮助其成长为最好的自己,让学校成为星光灿烂的地方。这也是我们学校始终坚持的教育价值观和推进素质教育的方法论。

在此基础上,确定学校的办学理念为:让生命绽放光芒。旨在通过学校的教育,使每一个学生都能成为独特、美好而精彩的自己。

我们坚信,每一个孩子都是一颗星;

我们坚信,学校是一个星光灿烂的地方;

我们坚信,每一个生命的成长都值得赞美;

我们坚信,教育就是点亮每一个生命的光芒;

我们坚信,做亮晶晶的教师是校园最靓丽的风景;

我们坚信,让生命绽放光芒是学校教育的神圣使命。

二、学校课程理念

每一个孩子都是一颗星,无论他是耀眼的行星还是黯淡的恒星,都会且一定会得到天空的青睐,创造属于自己的美好与精彩。因此,我们提出学校的课程理念是:每一颗星都拥有自己的天空。这意味着:

——课程即成长的舞台。教育是生命的滋养,课程让生命绽放。"银河星课程"是在符合与执行国家课程标准的基础上构建的学生喜爱的课程,是为孩子全面发展搭建的成长舞台。旨在通过丰富的课程内容,多样的实施途径,给予学生需要的能力素养以支持未来的学习和发展,让每一个生命都能精彩绽放。

——课程即个性的张扬。每一个孩子的发展都有其个别性与独特性,因而会有不同的成长需求。"星教育"倡导学校课程关注学生个性需求,尽可能多地为学生提供适合自身特长、兴趣爱好的课程,给学生更多的自主选修的空间,让每一个独特的生命获得滋养,个性得以张扬。

——课程即内在的生长。求知、探索和发展的愿望是与生俱来的,每个人都有一种向上的力量。"星教育"主张让孩子用喜欢的方式去学习,持续激发学生学习的兴趣,帮助学生看到自己的潜力和许多可能性,在生动、互动、多彩的成长体验中,遇见最美好的自己。

——课程即生命的闪耀。马斯洛说：教育就是让一个人成为最好版本的自己[①]。"星教育"站在儿童立场,给儿童更多的生命空间,给他们提供自由表达、敢于尝试的自在环境,让每一颗生命的种子在尊重的浸润中茁壮成长,长出尊严与自信,长出阳光与辉煌。

总之,"星教育"用爱和智慧唤醒生命的潜能,点亮生命的光芒,让每一个生命个体如星一般的闪亮。因此,我们把学校课程命名为"银河星课程"。

第二部分　学校课程目标

为发展学校特色,提升学校文化内涵,培育有个性有特色的学生,学校特提出育人目标和课程目标。

一、学校育人目标

学校的育人目标是培养"健康阳光、知书达礼"的银河少年,具体表现如下：

健康阳光：体健开朗有活力,行雅尚美有气质。

知书达礼：品高乐助有德行,志远善学有才干。

二、学校课程目标

为了实现育人目标,我们根据各年级段学生的身心特点,结合学校课程资源,分低、中、高三个年级段制定与"健康阳光、知书达礼"相对应的课程目标,具体如下(见表 3-1)。

表 3-1　金水区银河路小学课程目标表

育人目标 \ 课程目标		低年级	中年级	高年级
健康阳光	体健开朗有活力	1. 每天坚持参加体育锻炼,感受体育运动给自己生活带来的快乐。	1. 积极参加体育活动,初步形成参与体育活动的兴趣和爱好,养成体育锻炼的习惯和健康的生活方式。	1. 乐于参加体育活动,养成坚持运动的习惯。形成灵敏、力量、耐力、协调等身体素质。

---

① 马斯洛.马洛斯说完美人格[M].武汉：华中科技大学出版社,2012.p,78

(续表)

育人目标 / 课程目标		低年级	中年级	高年级
健康阳光	体健开朗有活力	2. 精力充沛,动作协调。会玩 1—2 项体育类游戏活动。	2. 基本掌握 1—2 项体育运动技能。	2. 掌握 2—3 项体育运动技能,并有自己的特长项目。
	行雅尚美有气质	1. 喜欢美术和音乐。2. 能感受艺术的美好。	1. 热爱音乐和美术。2. 在艺术实践中初步形成发现美、创造美、欣赏美的能力,形成一定的艺术素养。	1. 热爱音乐和美术,并形成一项特长或个人爱好。2. 在艺术体验中提升感受美、表现美、鉴赏美的能力,形成一定的艺术素养和高雅的气质。
知书达礼	品高乐助有德行	1. 在交往中礼貌待人。2. 能感受爱并愿意传递爱。3. 懂规矩,初步养成良好的行为习惯。	1. 掌握必要的处事能力,能和小伙伴友好相处。2. 主动帮助他人,在互助中感受快乐。3. 能遵守规则,具有一定的自制力,养成良好的行为习惯。	1. 善于合作,在交往中学会沟通,受到大家的欢迎。2. 乐于帮助他人,明白"给永远比拿愉快"。3. 自觉遵守规则,明礼诚信,有责任心,具有良好的思想品质。
	志远善学有才干	1. 初步养成良好的学习习惯。2. 掌握基本的学习方法,有好奇心,爱提问。3. 积极观察,爱动脑,乐于动手,对实践活动有兴趣。4. 有对美好事物的向往。	1. 能够养成良好的学习习惯。2. 掌握有效的学习方法,初步树立将所学知识和技能运用于生活的意识。3. 喜欢观察,积极提出疑问并能主动探究解决的方法,主动参与实践探究活动,有思考和判断。4. 能明确表达自己的理想。	1. 具有良好的学习习惯。2. 掌握有效的学习方法,学以致用,并保持浓厚的学习兴趣。3. 独立思考,从生活经验出发,形成一定的质疑精神和创新能力。4. 有理想,积极向上,充满正能量。

第三部分 学校课程体系

在学校"星教育"的教育哲学引领下,依据"每一颗星都拥有自己的天空"的课程理念,构建学校课程体系,让丰富多彩的课程承载育人功能,实现育人目标。

一、学校课程逻辑

我们秉承"让生命绽放光芒"的办学理念和"健康阳光,知书达礼"的育人目标,统整学校课程基本分类,明确学校课程发展方向,形成"银河星课程"逻辑架构,具体如下(见图3-1)。

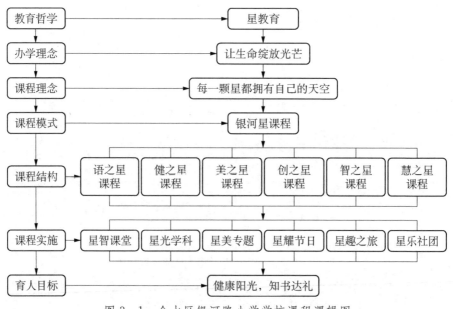

图3-1　金水区银河路小学学校课程逻辑图

二、学校课程结构

我们遵循多元智能理论,将"银河星课程"分为"语之星课程""健之星课程""美之星课程""创之星课程""智之星课程""慧之星课程"六个领域,每一类所涵盖的课程对应指向语言与表达、艺术与审美、科学与探索、逻辑与思维、社会与交往、运动与健康六项学生发展核心素养,形成六大课程群,具体如下(见图3-2)。

三、学校课程设置

根据"银河星课程"结构,结合学校课程资源,对学校六大课程领域的课程内容进行系统的构建,具体如下(见表3-2)。

图 3-2 金水区银河路小学"银河星课程"结构图

表 3-2 金水区银河路小学"银河星课程"课程设置表

课程\学期	语之星课程	健之星课程	美之星课程	创之星课程	智之星课程	慧之星课程
一年级上期	语文 我是小书法家 说文解字 走进绘本世界 故事大王 一日一句话 拼音大 PK	体育 我会跑直线 滚动我最圆 抛接我最棒 了解球类文化	音乐 美术 好朋友 你的名字叫什么 认识音符家族 认识葫芦丝 用色彩装扮世界 小手动起来 眼中的美 初识民间艺术	科学 创意编程 校园创客节 嗅觉与"味道" 豆子作画 天上的"众神" 参观动物园	数学 数来数趣 观图寻形 分门别类 分秒必争 智趣实践 智趣社团	道德与法治 星耀节日 星趣之旅 升旗仪式课程 入学课程 安全课程 知恩感恩懂回报 童心童趣节 语文文化节 唱响童年音乐节

(续表)

课程 / 学期	语之星课程	健之星课程	美之星课程	创之星课程	智之星课程	慧之星课程
一年级下期	语文 生字开花 汉字达人秀 走进绘本世界 畅所欲言 天天语录 创编小绘本	体育 直线冲刺 谁最棒 欢乐律动我能行 最长的绳子 欣赏投掷比赛 球类游戏	音乐 美术 手拉手 雁群飞 让我们手拉手 发音我在行 走进葫芦丝 梦幻城堡 用设计粉饰生活 分享我的朋友 动物世界	科学 创意编程 校园创客节 带电的报纸 我的植物"宠物" "星星"知多少 参观植物园	数学 分门别类 能写会算 各就各位 七拼八凑 智趣实践 智趣社团	道德与法治 星耀节日 星趣之旅 我是"小法官" 升旗仪式课程 尊师重道你我他 国旗闪闪放光彩 数学文化节 多彩童年美术节 活力体育节 校园淘宝节
二年级上期	语文 汉字演变我知道 读书小报 树洞信箱 是非辩论赛	体育 向前冲刺 一字马 丢手雷 观赏排球比赛	音乐 美术 童趣 打花巴掌 跳圆舞曲的猫 音名与唱名 我有一只小羊羔 绚丽的故事绘 花花饰界 记忆中的节日 照片中的我	科学 创意编程 校园创客节 探索秋天 我的游乐园 国际通用星座初识 观察生活中植物的种子	数学 粒粒可数 四面八方 有据可查 跳蚤市场 智趣实践 智趣社团	道德与法治 星耀节日 星趣之旅 升旗仪式课程 弘扬雷锋精神 童心童趣节 光荣的少先队员 语文文化节 唱响童年音乐节
二年级下期	语文 汉字书写大赛 好书推荐 小小漂流瓶 班级小法院	体育 立定小跳蛙 活力无限 小拱桥 神投手 快乐排球	音乐 美术 美丽家园 草原就是我的家 我是人民小骑兵 认识音乐记号 摇啊摇 画作影子 纸盒家居 分享童年趣事 我的宝藏	科学 创意编程 校园创客节 探索春天 不塌的纸桥 伽利略的发现 植物的叶和花	数学 有据可查 思前算后 认形于心 周而复始 智趣实践 智趣社团	道德与法治 星耀节日 星趣之旅 升旗仪式课程 传承中华美德 历史足迹 我为党旗添光彩 数学文化节 多彩童年美术节 活力体育节 校园淘宝节

（续表）

课程\学期	语之星课程	健之星课程	美之星课程	创之星课程	智之星课程	慧之星课程
三年级上期	语文 英语 硬笔临帖 畅谈汉字之妙 小小朗读者 美文交流会 小作家的诞生 探访生活中的语文 听辨单词能手 简单对话 日常用语 乐写 ABC 乐动英语	体育 折返我最快 （25X2） 跪跳起 欣赏篮球投篮赛 运球我最多	音乐 美术 收获歌舞 如今家乡山连山 浏阳河 休止符作用大 我和你 色彩游戏 有趣的设计艺术 鸟语花香 多彩的民间艺术	科学 创意编程 校园创客节 颜色变变变 纸飞机飞起来 你看，月亮的脸在"变" 制作昆虫标本 仰望星空社团	数学 心中有数 如影随形 内查外调 尺寸校园 智趣实践 智趣社团	道德与法治 星耀节日 星趣之旅 升旗仪式课程 最美解放军 我的祖国我的家 童心童趣节 语文文化节 唱响童年音乐节
三年级下期	语文 英语 书写精彩 品味汉字之美 悦读分享 好书推荐会 习作小明星 发现美丽四季 听辨短语能手 你问我答没问题 日常用语跟我说 乐创 ABC 乐创英语	体育 反应最灵敏 中国武术最少林 翻滚自如 小小保龄球 玩转乒乓	音乐 美术 音乐会 我是小音乐家 进行曲 小耳朵辨别大乐器 龙的传人 多彩的画 造型奇异的动物 记忆中的古城 变废为宝	科学 创意编程 校园创客节 盐消失了 玩转七巧板 "大陀螺"地球 我的种子标本 仰望星空社团	数学 内查外调 思前算后 变幻莫测 福尔摩斯 智趣实践 智趣社团	道德与法治 星耀节日 星趣之旅 升旗仪式课程 缅怀先烈 继承传统 美丽的河南我的家 数学文化节 多彩童年美术节 活力体育节 校园淘宝节 诚信万里行 校园环境日
四年级上期	语文 英语 丹青书地 品读名诗 笔中情 名剧赏析 情景会话王者 图片描述能手 简单绘本我会读 单词书写我可以 神奇迪士尼	体育 反复冲刺 倒着看世界 分享球 抛球叫号	音乐 美术 快乐的校园 哦，十分钟 乒乓变奏曲 认识十六分音符 月光下的凤尾竹 大师画我也画 设计生活 记录我的生活	科学 创意编程 校园创客节 净化水 气球车跑起来 探秘行星世界 参观动物标本馆 仰望星空社团	数学 不计其数 循迹观形 追根查源 滴水实验 智趣实践 智趣社团	道德与法治 星耀节日 星趣之旅 升旗仪式课程 美丽的郑州我的家 探访名人故里 玩转科技节 语文文化节 唱响童年音乐节

（续表）

课程\学期	语之星课程	健之星课程	美之星课程	创之星课程	智之星课程	慧之星课程
四年级下期	语文 英语 趣解汉字 唱诵美词 文苑翘楚 名篇仿写 我是故事大王 表达情感我可以 简单绘本我在行 单词书写 So easy 畅游动画世界	体育 冲冲冲 融为一体 跃动精灵 抛投掷准 快乐排球	音乐 美术 童年的音乐 白桦林好地方 彼得与狼 优美的二重唱 军港之夜 假如我是梵高 缠绕艺术 认识中外名家 "关住"点点滴滴	科学 创意编程 校园创客节 杠杆的力量 创意模型组合 太阳系里的"小字辈" 种子标本 仰望星空社团	数学 追根查源 乘算在心 量身定制 奥运数学 智趣实践 智趣社团	道德与法治 星耀节日 星趣之旅 升旗仪式课程 我是快乐小园丁 美丽银河我的家 粽艾飘香 我是小法官 数学文化节 多彩童年美术节 活力体育节 校园淘宝节 校园环境日
五年级上期	语文 英语 翰墨飘香 畅读名著 你写我改 歌词汇 日常听力小新秀 日常对话没问题 短文阅读 英语语句我来写 色拉英语跟你学	体育 折返我最快（50X8） 背后的弧线 耐力练习 旋转的直线 快乐排球	音乐 美术 快乐少年 雏鹰之歌 嬉游曲 学习指挥图示 玩转色彩 别出心裁的设计 走近美术大师 艺术创作的魔力	科学 创意编程 校园创客节 自制游乐器材 我的计时器 一起读"天书" 生命的旅程 仰望星空社团	数学 浑身解数 殊形妙状 分条析理 三智五猜 智趣实践 智趣社团	道德与法治 星耀节日 星趣之旅 升旗仪式课程 舌尖上的河南 走进绿博园 我是快乐小园丁 童心童趣节 语文文化节 数学文化节 多彩美术节 唱响童年音乐节
五年级下期	语文 英语 趣学汉字 超级演说家 一文之师 台词集锦 日常听力小达人 日常交流我能行 短文阅读伴我行 简单短文写一写 色拉英语看我演	体育 冲破天际 倒着的钉子 趣味游戏 完美抛物线 篮球大逃亡	音乐 美术 京韵 我是中国人 京调 我会扮京剧行当 军港之夜 细致的描绘 最炫民族风 热血动漫	科学 创意编程 校园创客节 河水里的"小精灵" 变废为宝 神奇恒星之国 "微"世界 仰望星空社团	数学 分条析理 算无遗策 量体裁衣 自主心裁 智趣实践 智趣社团	道德与法治 星耀节日 星趣之旅 升旗仪式课程 舌尖上的河南 情满中秋 我是小法官 玩转科技节 数学文化节 多彩美术节 活力体育节 校园淘宝节 校园环境日

（续表）

课程 学期	语之星 课程	健之星 课程	美之星 课程	创之星 课程	智之星 课程	慧之星 课程
六 年 级 上 期	语文 英语 汉字达人秀 最美朗读者 以文会友 能言善辩 我是小小传音官 简单故事我来讲 经典片段我赏析 短文书写小达人 趣味配音	体育 折返我最快 (50X8) 技巧小组合 完美抛物线 快乐排球	音乐 美术 悠扬民歌 妈妈格桑拉 小河淌水 神秘的西洋乐器 映山红 故事里的人 城市里的新发现 追寻民间艺术 的足迹	科学 创意编程 校园创客节 让生活充满阳光 巧解环扣 星星的"朋友圈" 植物的生长奥 秘 仰望星空社团	数学 数往知来 千形万状 言之有据 能屈能伸 智趣实践 智趣社团	道德与法治 星耀节日 星趣之旅 升旗仪式课程 寻访中原文化 我是快乐小园丁 语文文化节 数学文化节 多彩美术节 唱响童年音乐节
六 年 级 下 期	语文 英语 说文解字 品味经典 传文递情 能说会道 同声传译 我是小演说家 美文欣赏 故事编写 我是配音演员	体育 速度之王 跳跃的精灵 鉴赏投掷比赛 投篮我最行	音乐 美术 放飞梦想 永远是朋友 欢乐颂 丝竹管弦 紫竹调 同学录 时髦的标志 追寻历史的脚步 我毕业了	科学 创意编程 校园创客节 生活"大爆炸" 九连环 中国古代星座 鱼类的生长奥秘 仰望星空社团	数学 妙算神谋 一体同心 言之有据 巧夺天工 智趣实践 智趣社团	道德与法治 星耀节日 星趣之旅 升旗仪式课程 毕业课程 法制课程 数学文化节 多彩美术节 活力体育节 校园淘宝节 校园环境日

第四部分　学校课程实施

　　学校依据"每一颗星都拥有自己的天空"的课程理念，着力进行"星智课堂"文化建设，全面推进"星光学科""星美专题""星耀节日""星趣之旅"和"星乐社团"等各类课程有效实施，为每一个孩子的健康成长提供丰富的营养。

一、建构"星智课堂",有效实施学校课程

落实"银河星课程"的关键在课堂,课堂是学生学习成长、提升生命质量的场所,也是教师专业发展、走向成熟的舞台,在"星智课堂"里,我们能听到生命拔节的脆响,能看到生命闪耀着智慧的光芒。

(一)"星智课堂"的内涵

"星智课堂"是创造一种师生和谐、共生的教育生态环境,教师以教育智慧培育智慧学生,是用一个智慧的火种点燃无数个智慧光芒的课堂形态。

"星智课堂"是培育全人的生态课堂。"星智课堂"以"学科核心素养是学生发展核心素养在学科中的具体体现"[①]的理念为引领,摒弃从双基维度理解教材的狭隘的学科教材观,立足学科思想、学科方法和学科价值,深入挖掘教材中蕴涵的方法性知识和价值性知识,为学生全面发展、健康成长提供丰富的营养。

"星智课堂"是关注学情的生本课堂。在课堂实践中,教师关注学生的认知发展水平和已有的知识经验基础,准确把握学生学习起点、能力起始点和思维延伸点,设计适切的教学方案和巧妙的学习活动,合理分配给学生清晰的学习任务。在这样的课堂里,每一个学生的发展需求都能得到关照。

"星智课堂"是充满智慧的生成课堂。教师对学科教材知识具有深刻的理解,创造性地使用教材,整合学科内及学科间课程资源,及时根据课堂生成,调整教学方案,选择适切的教学策略达成教学目标,丰富学生的学习体验,体现学科知识和能力的建构与生成,体现智慧与情感的升华。

"星智课堂"是自主创新的生机课堂。教师在与学生交往中保持开放坦诚的姿态,尊重学生的独立性与自主性,创设有利于学生个性发展的轻松的学习环境,鼓励大胆质疑、创新求异,尊重学生独特的奇思妙想。关注学生独立研究、独立分析、主动合作能力的培养,让学生在自主探索、动手实践和合作交流中形成能力,从学会、会学到乐学。

(二)"星智课堂"的推进

学校从引导教师树立"以学生为本"意识着眼,从组建教师学习共同体,提升专业

---

① 余文森. 核心素养导向的课堂教学[M]. 上海. 上海教育出版社,2017. p,38

素养着手，从构建研究网络，提高课堂教学质量着力，扎实推进"星智课堂"建设。

1. 实施促进有效备课的行动变革

落实"星智课堂"，有效备课是前提。学校对各学科组备课提出总体要求，并为教师提供了与课堂学习模式相匹配的"星智课堂模式参考模板"，引导教师从备课开始就要有意识地进行两个转变，一是要由"教师主导"转向"目标导引"，二是课堂要由"以教为主"转向"以学为本"。同时，学校通过措施跟进提高教师备课实效。一方面聚焦教师在备课中出现的共性问题，如"如何用匹配的方式促进学生自主学习""如何设计有效的评价，实现教学评一致性"等，引发专题研究，促进教师在备课中的深度思考。另一方面用考核来鼓励教师备课重实效，改变将备课文本内容的完整与规范作为评价的唯一原则，而以课堂教学设计记录本、备课资料的丰富多元性、教学课例中的个性化思考、课堂教学实施及学生学业水平数据，综合评价每位教师的备课质量。

2. 开展聚焦课堂问题的行动研究

推动课堂深入变革，必须要有足够的能量，而学习与研究则是积蓄能量的源泉。为此学校构建二个层面的研究网络：一是教研组以课例为载体，进行专题研讨的"三研两磨"教研活动。通过"选题研讨——共同寻招——确定目标——问题研究——提炼策略"五环节，展开研究。二是学科组每月一次的大教研活动，培植一种研究的状态，了解各教研组研修的进展状况，整体把握学科教学。由低、中、高年级轮流展示教学与研讨的全过程，形成第一层次的对话交流，其余年级的教师既观课又观研讨，而后跳出年级看年级，主动参与，形成第二层次的对话交流。同时，依托典型案例征集活动，让课堂操作有迹可循，最后以教研组为单位，汇集众人的智慧，推出典型案例供教师学习研究。

3. 组建师徒结对的学习共同体

学校在《银河"星教师"发展实施方案》中对各梯队教师提出不同的研修任务，并把与新任教师结对，帮助他们快速站稳讲台作为"银星教师"的学年研修任务之一。师傅带领徒弟从备课、上课、课堂组织、学习评价开展浸润式研修，帮助徒弟领悟"星智课堂"文化理念，熟悉"星智课堂"基本形态和教学特点，并通过"亮相课""汇报课"对学习共同体的研修成果进行展示。

(三)"星智课堂"的评价标准

在具体实施过程中,"星智课堂"教学评价表是星智课堂评价的标准,也是教师在日常教学中的依据和目标,旨在引导教师关注课堂、研究课堂,促进教学能力的提升,具体如下(见表3-3)。

表3-3 金水区银河路小学"星智课堂"教学评价表

班级		学科		
课题			授课教师	
评价项目	评 价 标 准			得分
培育全人 (10分)	1. 学习目标体现对学生学科素养的培养,学科知识、技能和学科思想、方法以及情感态度得到具体落实。 2. 学习目标设置紧扣课标和学段要求,体现教材特点,契合学情。			
关注学情 (30分)	1. 教师做好学习前测,内容的选择符合学情,贴近学生的知识经验和生活,活动设计简约、有效。 2. 学习内容以问题形式呈现,把学习目标具体化,用问题引领学生的自学,以明确的学习任务作为组织学生学习活动的脚手架。 3. 构建以学习者为中心的课堂,教师在充分了解学生已有的知识经验、能力起始点和思维延伸点的基础上,设计与学生实际水平相当又具有一定挑战性的学习任务,教法灵活,注重学法指导,能适时有效地介入课堂。			
充满智慧 (30分)	1. 师生关系和谐,教师充分发挥组织、引导、示范、释疑和调控的主导作用。 2. 教师能发现、利用课堂上生成的课程资源,创新教学活动,促进学生发展,教学相长。 3. 立足学科素养,创造性使用教材与其他课程资源。			
自主创新 (30分)	1. 创设有利于学生个性发展的开放的学习环境,注重培养学生提出问题、分析问题、解决问题的能力。 2. 体现学生的主体地位,学生在自主探索、动手实践和合作交流中形成能力。 3. 学生勇于发表自己的观点,尊重别人的意见。有效进行小组活动,分工合作,互帮互学。 4. 学生课堂参与面广,思维活跃,勤动手、敢质疑,学习结果丰富。			
我的建议				

二、建设"星光学科",丰富学校学科课程

"星光学科"以学科课程为核心,以提高学生学科素养为目的,拓展研发丰富多彩

的特色学科课程群。

(一)"星光学科"的建设路径

学科组构建具有学科特色的课程群,通过多种途径有效实施,进一步落实国家课程标准,满足学生学习需求,凸显学校文化特色。

1."多彩语文"课程群

语文世界如同多彩的星河,或以源远流长的文字,或以优美铿锵的语言,或以激情澎湃的表达,或以立意深远的文章,照亮孩子的多彩人生。我们立足于校情、生情,依托课标,围绕语文学科的"写字、阅读、表达"三个关键能力,拓展研发"多彩语文"课程群,除基础课程以外,课程设置具体如下(见表3-4)。

表3-4　金水区银河路小学"多彩语文"课程设置表

年级/学期	内容	汉字情	悦读·乐言	妙笔生花	DIY课程
一年级	上期	我是小小书法家	走进绘本世界	一日一句话	拼音大PK
	下期	生字开花	故事大王	天天语录	汉字达人秀
二年级	上期	汉字演变我知道	小小演说家	树洞信箱	是非辩论赛
	下期	汉字书写大赛	好书推荐	小小漂流瓶	班级小法院
三年级	上期	畅谈汉字之妙	小小朗读者	小作家的诞生	探访生活中的语文
	下期	品味汉字之美	好书推荐会	习作小明星	发现美丽的四季
四年级	上期	丹青书苑	品读名诗	笔中情	名剧赏析
	下期	趣学汉字	唱诵美词	文苑翘楚	创编小绘本
五年级	上期	翰墨飘香	畅读名著	你写我改	歌词汇
	下期	趣解汉字	超级演说家	一文之师	台词集锦
六年级	上期	汉字达人秀	最美朗读者	以文会友	能言善辩
	下期	说文解字	品味经典	传文递情	能说会道

2."智趣数学"课程群

数学是一门神奇而有趣的学科,在培养学生面向21世纪所要具备的理性思维和创新能力方面具有极其重要的作用。通过数学学习活动,可以帮助学生学会思维,形成数学关键能力,从而达到用数学的眼光看世界、用数学思维理解世界、用数学语言表达世界。我们根据义务教育阶段中数学课程"数与代数""图形与几何""统计与概率""综合实践"四大领域,依托数学教材,基于学生学情和教师的学科素养,拓展研发"智趣数学"课程群,除基础课程以外,课程设置具体如下(见表3-5)。

表3-5　金水区银河路小学"智趣数学"课程设置表

年级/学期	内容	恒河沙数	相形见智	凿凿可据	妙趣横生
一年级	上期	数来数趣	观图寻形	分门别类	分秒必争
	下期	能写会算	各就各位		七拼八凑
二年级	上期	粒粒可数	四面八方	有据可查	跳蚤市场
	下期	思前算后	认形于心		周而复始
三年级	上期	心中有数	如影随形	内查外调	尺寸校园
	下期	思前算后	变幻莫测		福尔摩斯
四年级	上期	不计其数	循迹观形	追根查源	滴水实验
	下期	乘算在心	量身定制		奥运数学
五年级	上期	浑身解数	殊形妙状	分条析理	三智五猜
	下期	算无遗策	量体裁衣		自主心裁
六年级	上期	数往知者	千形万状	言之有据	能屈能伸
	下期	妙算神谋	一体同心		巧夺天工

3."灵动英语"课程群

依托义务教育阶段小学英语课标要求,着眼于每一个学生,让英语学习的氛围无处不在,让学生积极主动并富有创造性地在轻松愉快的氛围中学习英语,我们开发构建"灵动英语"课程群,除基础课程以外,课程设置具体如下(见表3-6)。

表3-6　金水区银河路小学"灵动英语"课程设置表

年级/学期	内容	Listening	Speaking	Reading	Writing	Freestyle
三年级	上期	听辨单词小能手	简单对话我可以	日常用语我能读	乐写 ABC	乐动英语
	下期	听辨短语小能手	你问我答没问题	日常用语跟我说	乐创 ABC	乐创英语

(续表)

年级/学期	内容	Listening	Speaking	Reading	Writing	Freestyle
四年级	上期	情景会话小王者	图片描述我在行	简单绘本我会读	单词书写我可以	神奇迪士尼
	下期	我是故事大王	表达情感我可以	简单绘本我在行	单词书写 So easy	畅游动画世界
五年级	上期	日常听力小新秀	日常对话没问题	短文阅读	英语语句我来写	色拉英语跟你学
	下期	日常听力小达人	日常交流我能行	短文阅读伴我行	简单短文写一写	色拉英语看我演
六年级	上期	我是小小传音官	简单故事我来讲	经典片段我赏析	短文书写小达人	趣味配音
	下期	同声传译 I can try	我是小小演说家	美文欣赏我可以	故事编写小达人	争做配音小演员

4."悦动体育"课程群

阳光的性格、健康的体魄、灵活的动作、健美的身姿是体育课堂上学生的风采,我们致力通过"悦动体育"课程,让学生在小学六年的体育学习活动中,掌握多种运动技巧,锻炼出强健的体魄,成长为阳光少年。除基础课程以外,课程设置具体如下(见表3-7)。

表3-7　金水区银河路小学"悦动体育"课程设置表

年级/学期	内容	快乐向前冲	挑战1+1	小小投掷手	趣味球
一年级	上期	勇往直前	"8"字跑	你追我赶	移动灵活小松鼠
	下期	小小掷球手	躲避障碍	躲避手雷	照镜子模仿
二年级	上期	向前冲	立定小青蛙	踩尾巴	地滚球
	下期	神投手	小拱桥	三国"追杀"	稳准抛接
三年级	上期	滚翻大挑战	比比谁最快	运球接力赛	垫球大 PK
	下期	跪跳起	赛折返	乒乓颠球赛	一抛一垫好配合
四年级	上期	跳过高山	障碍折返跑	追逐接力	篮球回旋镖
	下期	倒立的世界	大力掷球手	坐地起身	小小篮球投射手
五年级	上期	倒立看世界	折返大作战	星球大战	追球迂回跑
	下期	摩天轮	跨越山丘	小推车接力赛	龟派球功
六年级	上期	纵身一跳	最强耐力	穿越小树林	小炮兵
	下期	完美抛物线	速度之王	捕鱼	篮球公园

5.“灵韵音乐”课程群

跳动的音符、优美的旋律、悦耳的歌声、灵动的舞蹈在音乐课堂中带给孩子们美的享受,依托学校“灵韵”音乐课程群建设,从精彩的现代艺术到经典的传统技艺,发掘学生的艺术潜质,培养学生感受美、欣赏美、创造美的艺术素养。除基础课程以外,课程设置具体如下(见表3-8)。

表3-8 金水区银河路小学“灵韵音乐”课程设置表

年级/学期	内容	唱响童趣	赏心悦耳	音符之乐	丝竹传情
一年级	上期	正确唱歌姿势	长音短音	认识音符	我的新朋友——葫芦丝
	下期	我们一起唱	音乐的心情	学习 Do Re Mi	
二年级	上期	你指挥我歌唱	大自然的模仿家	有趣的唱名	葫芦丝和 Do Re Mi
	下期	音乐的情绪	律动小达人	认识节奏记号	
三年级	上期	音乐表现力	分辨歌唱形式	休止符作用大	葫芦丝和小乐曲
	下期	科学发声	乐器大家庭	听辨乐器	
四年级	上期	走进大合唱	神秘的变奏曲	认识十六分音符	葫芦丝演奏家
	下期	你唱我和	音乐中的故事	优美的二重唱	
五年级	上期	小小音乐会	美妙的旋律	认识不同节拍	丝丝入耳
	下期	你表演我评价	声入我心	了解京剧行当	
六年级	上期	悠扬民歌	民歌鉴赏家	神秘的西洋乐器	葫芦丝合奏
	下期	乐谱中的秘密	模仿戏曲角色	丝竹管弦	

6.“艺美美术”课程群

明丽的色彩、奇妙的想象、独特的设计,是学生在美术课上的艺术创造,希望通过学校“艺美美术”课程的开发与实施,能培养出一群喜欢绘画、热爱创新与表现,在美术创作中得到快乐的孩子。除基础课程以外,课程设置具体如下(见表3-9)。

表3-9 金水区银河路小学“艺美美术”课程设置表

年级/学期	内容	巧手绘未来	魅力设计师	艺术博物馆	视觉新发现
一年级	上期	用色彩装扮世界	小手动起来	介绍我眼中的美	初识民间艺术
	下期	梦幻城堡	用设计粉饰生活	分享我的朋友	动物世界

(续表)

内容 年级/学期		巧手绘未来	魅力设计师	艺术博物馆	视觉新发现
二年级	上期	绚丽的故事绘	花花饰界	记忆中的节日	照片中的我
	下期	画作影子	纸艺家居	分享童年趣事	我的宝藏
三年级	上期	色彩游戏	有趣的设计艺术	鸟语花香	多彩的民间艺术
	下期	多彩的画	造型奇异的动物	记忆中的古城	变废为宝
四年级	上期	大师画我也画	设计生活	认识各种各样的材质	记录我的生活
	下期	假如我是大师	别出心裁的设计	认识中外名家	"关住"点点滴滴
五年级	上期	玩转色彩	手舞飞扬	谈谈"大师级"人物	给科学插上艺术的翅膀
	下期	细致的描绘	最炫民族风	热血动漫	昨天、今天和明天
六年级	上期	故事里的人	城市里的新发现	探访动画片的今昔	追寻民间艺术的足迹
	下期	同学录	时髦的标志	追寻历史的脚步	我是毕业生

7. "奇趣科学"课程群

学校的"奇趣科学"特色课程包含"小实验大智慧""奇思妙想 DIY""仰望星空""科学旅行"四大类别,旨在培养学生的好奇心、观察力、求知欲和动手实验能力等科学素养。通过特色课程的实施,发展学生科学探究能力、学习能力、思维能力和创新能力。除基础课程以外,课程设置具体如下(见表 3-10)。

表 3-10　金水区银河路小学"奇趣科学"课程设置表

内容 年级/学期		小实验大智慧	奇思妙想 DIY	仰望星空	科学旅行
一年级	上期	嗅觉与"味道"	豆子作画	天上的"众神"	参观动物园
	下期	带电的报纸	我的植物"宠物"	"星星"知多少	参观植物园
二年级	上期	探索秋天	我的游乐园	国际通用星座初识	植物的种子
	下期	探索春天	不塌的纸桥	伽利略的发现	植物的叶子和花
三年级	上期	颜色变变变	纸飞机飞起来	月亮的脸在"变"	制作昆虫标本
	下期	盐消失了	玩转七巧板	地球是个"大陀螺"	种子标本(一)
四年级	上期	净化水	气球车跑起来	探秘行星世界	参观动物标本馆
	下期	杠杆的力量	创意模型组合	太阳系里的"小字辈"	种子标本(二)

(续表)

内容 年级/学期		小实验大智慧	奇思妙想 DIY	仰望星空	科学旅行
五年级	上期	自制游乐器材	我的计时器	一起读"天书"	生命的旅程
	下期	河水里的"精灵"	变废为宝	神奇恒星之国	"微"世界
六年级	上期	让生活充满阳光	巧解环扣	星星的"朋友圈"	探索植物的生长奥秘
	下期	生活"大爆炸"	九连环	中国古代星座总述	探索鱼类的生长奥秘

(二)"星光学科"的评价要求

学科建设的水平与质量是一所学校的核心竞争力。判断一门学科的水平与质量，主要从学科课程、学科团队、学科教学和学科学习等方面进行评价。具体评价要求如下。

对学科课程进行评价首先从规范"课程审议"制度着手，对学校特色学科的方案进行评价，主要围绕学科理念是否符合时代和社会发展要求，切合学科基础、学科知识体系，符合教师教学专长；是否有完整的学科课程体系；是否形成以学科为核心，围绕与其密切相关的学科领域，相互渗透、相互交叉、相互支持、相互依托的学科课程群等方面进行评议，对不达标的课程进行修改或淘汰。其次通过开展"课程实施效果问卷调查"对课程的实施效果进行评价。具体如下（见表 3-11）。

表 3-11　金水区银河路小学"星光学科"课程方案评价表

评价指标	评价要素	得分	分项建议或评语
课程背景分析 （20分）	分析全面、客观、针对性强，符合教育发展规律（10分）		
	学校条件、教师专业素养、学校课程资源等能支持"方案"中课程的实施（10分）		
课程目标 （20分）	目标与国家教育政策一致、体现素质教育理念（10分）		
	目标设置合理适切，体现对学科素养的培育（10分）		
课程内容 （20分）	体现学科特点，结构合理（5分）		
	内容设置科学，符合学生认知发展（10分）		
	内容丰富多样，组织灵活（5分）		

评价指标	评 价 要 素	得分	分项建议或评语
课程实施 (20分)	课程实施规范、合理、有序(10分)		
	课程实施与课程评价同步,体现"教学评"一致(10分)		
课程评价 (20分)	评价方案可操作性强(10分)		
	评价体现对学生的正向激励作用和导向作用(10分)		
总体评语:			

对学科团队进行评价,学校主要通过教学常规检查,参与学科组教研和开展教研组教研成果汇报等方式对教研文化氛围、有无明晰的教学主张及教研组学科文化建设进行评价。

对学科教学进行评价,主要通过"优秀教学设计评比""银河'星课堂'教学展评""骨干教师课堂观摩课""教学研讨成果汇报课"等方式,对教师在教学思想、教学方式和教学技巧等方面是否形成具有个性特征的教学特色进行评价。

对学科学习的评价,学校采取"过程性评价"和"阶段性评价"相结合的方式,既关注学生学习过程和能力发展,又关注学生的学业成绩和情感态度,通过"学科游园活动""过程性学习成果展示""阶段性学习成果展示""学科能力测试"等方式学生对学习习惯、学习态度、学科方法、学科能力以及学习成果进行评价。

三、创新"星耀节日",丰富校园文化课程

"星耀节日"课程旨在依托传统节日和学校特色节庆,引导学生通过多姿多彩的节日活动,感受中国传统文化节日的魅力,体会现代文化、科技给生活带来的便利和多彩,提高学生文化素养,促进学生全面发展。

(一)"星耀节日"的主要类型

"星耀节日课程",包含"星烁节日""星璨节庆"两大类课程。其中"星烁节日"主要涵盖忠贞爱国、纪念先祖、孝亲尊长、感恩长辈、民族风俗等五方面的中国传统节日;"星璨节庆"主要涵盖礼仪类、学科类、艺术与文化四大类学校特色节庆活动。

1."星烁节日",传承优秀传统文化

传统节日的形成过程,凝结着中华民族的民族精神,承载着中华民族的文化血脉和思想精华,是传统文化的重要载体。学校"星烁节日"以传统节日课程为依托,对中国传统文化进行深入挖掘,并以丰富多样的活动形式,传承优秀传统文化,弘扬民族精神。具体如下(见表3-12)。

表3-12　金水区银河路小学"星烁节日"课程实施方案表

节日课程	节日主题	课程内容	课程总体目标
除夕	辞旧迎新	除夕的来历、风俗习惯、贴春联、贴年画、吃饺子、压岁钱、节日禁忌、典故传说、文学诗词等	1. 了解除夕的风俗文化。 2. 体验农历新年贴春联、包饺子、守岁等迎春活动。 3. 感受家人团聚、喜庆祥和的节日传统。
春节	欢天喜地过大年	办年货、贴春联、年夜饭、吃饺子、拜年	1. 了解春节是中华民族的传统节日。 2. 认识春节的由来、礼仪及相关习俗。 3. 通过网络,了解、分析现今春节与传统庆祝活动异同之处。
元宵节	正月十五元宵节	看灯展、猜灯谜、吃元宵、爱心传递、制作环保创意灯笼	1. 搜集资料了解元宵节的来历、民间故事、习俗等。 2. 搜集和元宵节有关的诗词。
清明节	清明时节	了解清明传统文化,扫墓祭奠祖先、缅怀先人、网上祭英烈等	1. 了解清明节的由来。 2. 学习革命先烈的先进事迹,缅怀先烈,弘扬革命传统。 3. 收集背诵有关清明节的诗词,了解清明节习俗及文化活动。
端午节	粽艾飘香	包粽子、插艾叶、观看赛龙舟和舞狮、缅怀屈原	1. 了解端午相关知识,感受中华传统文化的博大精深。 2. 歌颂英雄人物,抒发学生爱国之情,传承中华民族精神。 3. 在活动过程中,学会互助、分享。
中秋节	情满中秋	赏月、品月、诵月、看望老人,并欢聚一堂吃月饼或制作月饼送祝福	1. 让学生了解中秋节的来历、传统习俗,鼓励学生善于搜集整理相关古诗词、传说、歌曲等习惯。 2. 充分认识中秋节是仅次于春节第二大传统节日,弘扬中华传统文化。
重阳节	感恩有你	看望家中长辈办主题手抄报赏秋、赏菊、登高	1. 在节日氛围中,让学生了解重阳节的来历。 2. 懂得尊老、孝道是中华传统美德。

2."星璨节庆"，提高学生综合素质与能力

"星璨节庆"依托校园节日，开展入学课程、毕业课程、科技节、淘宝节等丰富多彩的活动，在充满仪式感的活动中，增强学生对学校的认同感和归属感；同时，丰富知识，拓宽视野，提升学生综合素养。具体如下（见表3-13）。

表3-13 金水区银河路小学"星璨节庆"课程实施方案表

节日课程	节日主题	课程内容	课程总体目标
入学课程	童眼看世界 我们齐发现	认识校园、参观校园及各个功能室	1. 了解学校办学理念与环境文化。 2. 参观学校各功能室及设施，初步认识学校各功能室的名称及位置。 3. 牢记校名、班级名称及位置，初步了解班级口号、班级公约和校规校纪。 4. 掌握学校基本常规要求及训练小口令。
毕业课程	明天，你好 踏上人生新征程	感恩母校朗诵会 教师寄语 给学弟学妹赠书 办成长足迹手抄报	1. 感受母校的温暖。 2. 通过老师寄语让孩子们对未来学习生活有新的目标与方向。 3. 帮助学生抒发内心情感，畅快地表达心声，难忘师恩，感恩母校。 4. 让学生回顾点滴过往，留下童年最美好回忆的见证。
升旗仪式课程	国旗闪闪 放光彩	依托重要节日、节庆、纪念日等契机，通过主题演讲，进行爱国主义教育和集体主义教育	1. 加强学生对升旗仪式意义的认识。 2. 培养学生仪式感和自豪感，通过师生代表发言，强化学生自我认识、自我管理、自我反思，提升综合素质。
科技节	玩转科技	开展创意设计制作比赛、玩转机器人、"变废为宝"、科幻画大比拼、观测仪的使用等活动	1. 培养学生主动进行研究性学习、探究身边的常见科学问题。 2. 培养科学态度、弘扬科学精神，提高学生的科学素养。 3. 发掘学生的主动思考能力、创新意识、动手实践能力。
体育节	活力体育	开展啦啦操、排球、田径运动、背靠背夹球、运球接力、袋鼠跳等竞赛活动	1. 增长体育知识、强身健体，培养学生的身心健康。 2. 培养学生坚韧的意志和团队精神，展现新时代学生的气质与面貌。
淘宝节	校园"义卖会" 创客游园会	以创客游园会的形式，开展社团展示活动、义卖活动、美食小达人、校园图书漂流活动等	1. 提供学生互利互惠的活动平台，建立平等价值观。 2. 让学生体会到营销的艰辛，学会尊重劳动。 3. 培养学生竞争意识和合作能力。 4. 弘扬勤俭之风，塑造学生爱心传递的好品质。

（续表）

节日课程	节日主题	课程内容	课程总体目标
学生节	童心童趣节	开展亲子互动、才艺演出、诵读比赛、时装表演、创客小能手等活动	1. 释放孩子天性，发挥特长，给每个孩子提供展示自我的平台。 2. 培养学生创新精神、竞争意识和合作能力。
礼仪节	传承文明礼仪争做"文明之星"	开展"红领巾寻访新时代"班队会活动	1. 培养学生文明礼仪的好习惯。 2. 帮助学生成为文明礼仪的传播者。 3. 传承文明礼仪，争做新时代好队员。
读书节	共享阅读快乐争当阅读之星	开展师生共读、亲子共读一本书活动	1. 通过多种形式的读书活动，营造书香班级、书香校园，展示学生、教师、家长的阅读风采。 2. 激发学生热爱读书的兴趣，培养学生好读书、会读书，读好书的良好习惯。
语文文化节	趣味语文快乐学习	开展"识字达人""你说我猜""古诗背诵"等活动	1. 通过多种形式的语文学习活动，增加学生的知识储备，加深对课程内容的理解。 2. 通过趣味活动形式，扩展学生语文知识面。
数学文化节	传播数学文化展现数学魅力	开展"趣味做题""数学游戏""创客＋数学"等活动	1. 培养学生逻辑思维和空间思维能力。 2. 培养学生将数学问题与生活经验相结合的能力。
音乐节	乐享银河唱响童年	声乐、舞蹈、器乐、快板、葫芦丝、管弦乐等艺术形式	1. 通过多种多样的艺术形式，展现学生艺术才能。 2. 通过活动陶冶学生情操、净化学生心灵，让学生用心感受音乐世界的美好。 3. 培养学生审美情趣与鉴赏能力。
美术节	多彩童年点亮梦想	创意纸雕、创意纸浆、衍纸、绘画、贴画等	1. 尝试使用不同的工具进行自由创作。 2. 培养学生的想象力和创造力，激发学生的创造性思维。
校园环境日	璀璨银河我是行动者	学雷锋树新风爱民助民活动、垃圾分类、资源回收、环保活动等	1. 营造干净、美观的校园环境氛围，参加各种活动，增强学生保护环境、爱护家园意识。 2. 从小热爱劳动、学习垃圾分类等环保知识，培养爱校园、爱社会、爱地球的小学生。

（二）"星耀节日"评价方法

为更好开展"星耀节日"课程，学校构建"星耀节日"评价体系，从"课程审议""课程实施"和"学习效果"三个方面进行，具体评价方法如下：

对课程可行性的评价由学校课程中心审议部，围绕课程主题是否符合教育目标，内容设置的教育性、时代性、参与性、合理性、趣味性，对课程实施的科学性、有效性，对课程评价的激励性、导向性等方面进行评价。

对课程实施的评价由学校成立评价小组，通过活动现场观察，看活动设计是否生动有创意，形式是否多样，流程是否规范，学生是否充分参与活动；通过查阅活动资料以及对学生随机访谈等方式进行。

对学生活动效果的评价，一是在学期末学生通过《银河路小学养成教育乐学单》评价标准进行自评；二是通过开展"学习成果展示活动"，让学生展示自己的学习收获，低年级学生根据自己喜欢的方式将学习知识以图画册、手抄报、绘本册等形式展示，中年级则以食谱册、故事集、照片作品集等形式展示，高年级以趣味小说、作品制作集等形式展示，在激励学生的同时也促进学生相互学习。

四、建设"星乐社团"，发掘兴趣特长

星乐社团作为学校课程的重要组成部分，是培养学生综合素质的重要载体，是学生培养兴趣爱好，扩大求知领域，陶冶思想情操，展示才华智慧的广阔舞台。

（一）"星乐社团"主要做法

基于学校办学理念，围绕"健康打好基础，文化滋养内涵，科学促进发展"的育人思路，开展涵盖人文素养类、生活技能类、艺术审美类、身心健康类和实践探究类五大主题的"星乐社团"活动。"星乐社团"既能有效地拓展和延伸课堂教学内容，又能较大程度地培养学生的兴趣与特长。

"星乐社团"以发展兴趣爱好为宗旨，打破年级界限，通过形式多样的活动，丰富课余生活，提高学生自主管理能力。学校社团先由师生自发组织校园招募活动，再由学生提出书面申请，并经过基本考核加入社团，最后由师生共同制定社团章程、考勤制度，辅导老师精心设计活动方案与评价方式等内容，形成一套社团课程资料。社团课程充分利用学生课余时间定期开展相关活动，指导学生做好活动记录，一方面，唤醒学生兴趣需要，调动学生积极参与实践活动积极性；另一方面，引导学生不断积累经验，发展个性特长，丰富社团活动内容，从而进一步完善社团课程规划。具体如下（见表3-14）。

表 3-14　金水区银河路小学"星乐社团"课程内容表

社团种类	社 团 名 称
人文素养类	笑逐"言"开、走遍河南、英语歌谣、多彩中国、翰墨飘香、绘声绘色、趣味数学
生活技能类	开心烘焙坊、变废为宝、小镜头大世界
艺术审美类	趣味纸雕、创意纸浆、天籁之音合唱团、丝蕴葫芦丝、奥尔夫创意律动音乐、乐"陶陶"
身心健康类	舞之翼、健身啦啦操、快乐排球、绳舞飞扬、银河旋风、心晴社交、"棋"乐无穷
实践探究类	仰望星空、探秘"计算机"、创意科教模型、我是小创客

（二）"星乐社团"评价要求

"星乐社团"评价由学校、学生、家长共同参与,围绕社团开发、社团实施和学生的学习三方面进行评价,具体评价标准如下:

首先,对课程的可行性进行评价。教师提交"课程申报表",学校课程中心审议部进行民主审议,对社团开发是否考虑学生的年龄特点、兴趣爱好,是否充分利用校内外教育资源,进行评估。

其次,对社团实施的评价从两个方面进行。一是学校课程中心的相关人员定时参与学校社团活动,观察、记录社团活动情况并随机与辅导老师交流并提出改进建议。二是学校每学年进行一次星级社团评选活动,具体方法是学生以投票方式选举喜欢的教师与课程,在此基础上,学校结合社团活动方案的设计、社团管理机制的完善、社团资料的丰富,综合评出校级新星社团、银星社团和金星社团,并在学校学期教学工作会上进行表彰。

最后,是对学生的学习进行评价。一是在每年的"六一文化周"期间,学校开展"校园舞台秀""才艺大比拼""我型我秀"等活动,为学生提供展示自我的舞台,并邀请社区、家长参与,共同见证学生参与课程后的成长与快乐。二是设计"星乐社团丰收园卡",学生围绕勤思善问、自信表达、善于实践、团结合作、个性风采等方面进行自评和互评,以实现综合评价自我,改进自我。

五、推行"星趣之旅",开启研学旅行活动

"纸上得来终觉浅,绝知此事要躬行"[①],南宋诗人陆游在《冬夜读书示子聿》中,提

---

① 陆游. 宋本新刊剑南诗稿[M].北京:国家图书馆出版社,2017. p,105

到从书本上得到的知识终归是浅显的,要想认识事物的根本或道理的本质,就得去亲身实践,去探索发现。"星趣之旅"课程旨在引导学生在体验研学探究的过程中,学会科学探究的基本方法,加深对自然、社会、文化、历史的认识,形成科学的自然观和严谨求实的学习态度,认识学科知识和社会知识的相互关系,促进师生共同成长。

(一)"星趣之旅"主要做法

"星趣之旅"课程强调以学生发展为本,突出学生的主体地位,关注学生的生活、兴趣和发展需要,在保证安全的基础上为学生提供多样、可供选择的课程套餐,为学生未来的发展奠定基础。

"星趣之旅"课程一方面通过开发"老家河南"课程,带领孩子在读书中发现,在家乡中寻找,在实践中感受,了解家乡文化故事、风景名胜、名人故事,激发热爱家乡的情感,传承中华文明,增强社会责任感和民族自信心。另一方面,通过开展亲近大自然,探访湿地公园、植物园等研学课程,指导学生开展研究性学习,在观察、记录和思考中,培养主动学习、获取信息、分析解决问题等综合能力。具体如下(见表3-15)。

表3-15　金水区银河路小学"星趣之旅"课程实施方案表

年级	学期	主题	地点	目的
一年级	上期	亲近大自然	黄河游览区 黄河湿地公园	发现大自然,观察大自然,热爱大自然。
	下期	历史足迹	河南省博物馆 河南地质博物馆	了解家乡历史,感受科学的魅力。
二年级	上期	我的家乡	郑州二七纪念塔 邙山浏览区	了解家乡的历史风情,激发热爱家乡的感情。
	下期	科技生活	郑州市科技馆 郑州市气象馆	了解科技、感受科技的魅力,激发对科学的热爱。
三年级	上期	豫剧之旅	郑州豫剧团	感受豫剧魅力,激发学生对家乡传统文化的喜爱。
	下期	豫剧之旅	省电视台《梨园春》	
四年级	上期	探访名人故里	杜甫故里(巩义)	了解家乡名人,感受河南老家璀璨历史。
	下期	探访名人故里	白居易故居(洛阳)	了解家乡名人,感受河南老家璀璨历史。
五年级	上期	河南美食烩面	萧记烩面、郑州烩面	品味家乡美食,体验制作过程。
	下期	走进大自然	植物园、绿博园、校园种植	了解大自然、亲近大自然、热爱大自然;掌握种植技术。

（续表）

年级	学期	主题	地点	目的
六年级	上期	走进郑州	黄河游览区、古城墙	了解郑州历史，传承中华文明。
	下期		大河遗址、黄帝故里	

（二）"星趣之旅"的评价要求

对研学类课程的评价与社团课程评价的理念基本相同，围绕组织管理、内容实施和学生发展等几方面开展评价。具体如下（见表 3-16）。

表 3-16　金水区银河路小学"星趣之旅"实施评价表

评价项目	评价标准	评价方式	得分
组织管理（25分）	1. 教师定时参加关于研学课程的培训，学习相关理论知识。 2. 实施准备充分：教师在活动中的指导准备充分；学生活动前的知识及工具准备充分。 3. 学校及教师在实施研学旅行计划时，做好安全方案和应急预案，以确保课程的顺利进行。 4. 后勤保障到位。	教师、学生、家长问卷调查。 查阅活动设计及相关资料。	
内容实施（50分）	1. 设置科学合理的课程内容。内容的设计要科学合理，符合小学各年段学生的年龄特点，有明确的研学目标、研学内容和评价方式。 2. 注重学生的实践体验和探索研究。关注学生的体验过程，通过丰富的活动内容，引导学生在实践中收获知识、能力和情感体验。 3. 设计科学合理的评价方案。根据不同学段、年龄特点的学生，设计更具针对性的课程评价方案，注重分层、过程性评价和发展性评价。	查阅活动设计及评价方案。 追踪活动开展情况。	
学生发展（25分）	学生参与度高，学习成果丰富多样，独立思考、发现问题解决问题、探索实践等能力逐渐提高。	查看学生学习成果。	

六、　聚焦"星美专题"，提升学生幸福感

"星美专题"是一种教育性实践活动。以每月的教育主题为载体，构建主题鲜明集中、材料典型生动、事迹真实感人、形式多样灵活、内容丰富多彩、评价方式多元的专题教育课程体系，拓宽学生学习领域，丰富学生的认知和情感体验，促进学生全面发展。

(一)"星美专题"主要类型

"星美专题"以提升学生幸福感和归属感为目标,以热爱中国共产党、热爱祖国、热爱学校、学会做人做事四方面开展"弘扬雷锋精神 传承中华美德""我们心中的解放军""美丽祖国我的家""光荣的少先队员"等活动,对学生进行思想、政治、道德教育,引导学生形成正确价值观,传播积极向上的正能量,从小培养学生成为爱党、爱国、爱校的新时代好队员。具体如下(见表3-17)。

表3-17 金水区银河路小学"星美专题教育"课程实施方案表

教育专题	课程内容	课 程 目 标
弘扬雷锋精神 传承中华美德	学雷锋、颂雷锋、倡节俭、送爱心	1. 学习雷锋精神,激发学生人人争当小雷锋的兴趣。 2. 通过"学雷锋树新风"爱民助民活动,引导学生见贤思齐,做榜样好少年。
知恩感恩 懂回报	学会感恩、学会关爱、真情回报父母与长辈	1. 通过校园感恩活动,在妇女节或感恩节到来之际,让队员为母亲与长辈送上最特别的祝福,培养孝亲尊长的良好品质。 2. 在活动中,学会感恩、学会关爱,用真情与行动回报母亲与长辈。 3. 学会珍惜当下幸福生活,感受亲情的美好。
我为党旗添 光彩	介绍党的历史、讲红色故事、观看红色电影、写体会	1. 以各中队、大队部为主阵地,引导学生向党靠拢,学习英雄人物与身边的楷模。 2. 引导学生加深对党史的了解,牢记习爷爷教导,抒发爱国情怀。
我们心中 的解放军	唱红歌、送红诗、听故事讲故事、寻找红色足迹等	1. 通过主题系列活动,引导学生对军人、军队产生敬畏之情。 2. 燃起学生热爱祖国,保卫祖国的情感,立志好好学习,好好做人,争当新时代好少年。
尊师重道 有你有我	敬老师、送祝福、当老师一天的小助手,体验老师的各项工作与活动	1. 通过感受教师工作的一天,能够理解并体会教师教书育人的辛苦与不易。 2. 培养学生从小尊敬师长的思想感情,学会与老师之间交往的礼仪和相处之道。
美丽的祖国 我的家	爱祖国、唱祖国、颂祖国、浏览祖国大好河山	1. 了解国庆节的由来及历史背景。 2. 熟知欢庆国庆节的形式,理解国庆节的深刻含义。 3. 增强学生爱国意识,培养学生爱国情怀。
光荣的少先 队员	一年级入队仪式、建队节全体队员重温队仪式等日常德育活动	1. 以"中国梦"和社会主义价值观为指导,培养学生爱国主义情怀。 2. 营造浓厚的活动氛围,增强队员归属感和荣誉感。 3. 培养学生、学生干部、大队干部自主学习和管理能力。

教育专题	课程内容	课程目标
才艺展示角	打造班级创意空间,各班级设立才艺展示角,课余时间进行才艺展示	1. 以班级文化角为依托,展示学生文艺特长。 2. 唤醒学生兴趣点和自信心,提升学生归属感,增强团体凝聚力。
班级园地规划	每年级充分利用好走廊和班级角落规划属于自己班级的特色文化	1. 打造班级特色文化空间。 2. 培养学生全方位个性化发展。 3. 引导学生树立积极向上的新时代少先队员形象,尽展"银河星光好少年"风采。
诚信万里行	诚信作文、制定班级公约、践行《中小学生守则》《中小学一日常规》《社会主义核心价值观》、实践体验等	1. 帮助学生明白诚信的内涵。 2. 懂得诚信做人的准则。 3. 做一名诚实守信、知行合一的新时代少年。

(二)"星美专题"评价要求

"星美专题"以课程的可行性、课程实施、学习效果三方面为评价维度,以表现性任务为驱动,评价学生的综合素养。

对课程可行性的评价由学校课程中心审议部,围绕课程主题是否符合教育目标,内容设置的教育性、时代性、参与性、合理性、趣味性,对课程实施的科学性、有效性,对课程评价的激励性、导向性等方面进行评价。

对课程实施的评价由学校成立评价小组,通过活动现场观察,看活动是否具有示范性、感染性,形式是否生动有创意,主题活动流程是否规范,学生是否充分参与活动;通过查阅活动资料以及对学生随机访谈等方式对课程实施情况进行评价。

对课程学习效果的评价则通过"校园争星活动"来实施。学生争星活动贯穿于定星、争星、考星、颁星四个环节。评价主体为学生、班主任、任课老师、家长,从学生参与度、行动力、与人合作、资料收集、作品展示集、教师与家长评语、成长记录袋等方面予以定性与定量评价,在月末分别向学生发放不同分值的"星语心愿激励卡",学年末,通过分值多少评选班级、年级和校级的"星光少年"予以表彰。

一个孩子就是一颗星,是璀璨星河里独一无二的生命个体。无论他是耀眼的还是黯淡的,都值得我们尊重与呵护,用爱和智慧帮助他们成为美好、精彩的自己。教育是点亮星光的事业,学校在"星教育"哲学思想引领下,秉持"让生命绽放光芒"的办学理念,整体架构"银河星课程"体系,从"语之星课程""健之星课程""美之星课程""创之星课程""智之星课程""慧之星课程"六个领域,统整学校课程体系,通过全面推进"星智课堂"文化建设和"星光学科""星美专题""星耀节日""星趣之旅"和"星乐社团"等各类课程有效实施,给予学生需要的能力素养以支持未来的学习和发展。

变革,需要"吾将上下而求索"的决心,更需要水滴石穿的执着,我们将在课程改革的路上,脚踏实地,不断探索,努力前行。

（撰稿人：石艳君　王琳　张楠　张锦）

第四章

特色培植：学校课程发展的魅力

    特色已成为中小学内涵发展的重要体现。培植特色是学校品牌培育的突破口，能够凸显学校发展优势，对学校课程发展具有引领作用。学校根据已有的文化积淀和特色基础，科学定位学校特色，通过深入挖掘本土的自然文化、社会文化、人文文化等来丰富和深化学校课程文化，引领孩子发展的适宜化和多元化。教师作为教学工作的组织者和发生者，是学校课程建设的宝贵资源，是发挥学科特色的中坚力量。学校应组织好教师和学生这一创建团队，在师生面前树立共同创建的意识，将课程、教学、管理、师生发展融为一体，培育特色课程，展现课程之魅力，让课程建设鲜明地指向师生的素养发展、精神润泽和生命丰盈，内化为他们的人格力量，助力师生成为最好的自己。

春之雨课程：向着和美出发

　　"和美教育"是郑州市金水区南阳路第二小学在新的历史时期走特色教育之路，实现名校品牌提升的指导思想，是体现中华文化精髓，蕴含地方文化色彩的校园文化，是适应师生科学发展与共同成长的一种教育理念。学校利用周边文化资源，将它们作为课程开发的重要载体，通过深入挖掘本土的自然文化、社会文化、人文文化等来丰富和深化学校课程文化，引领孩子发展的适宜化和多元化。在"和美教育"理念不断丰润、和美品牌不断提升的新形势下，"春之雨课程"将在不断的发展中创新，在不断地创新中发展。

　　郑州市金水区南阳路第二小学位于农业路 53 号，始建于 1963 年，是隶属于郑州市金水区教育体育局的一所公办学校。走进校园，便有一股蓬勃之气，书香之气，和美之气。每天，师生都能在精致和谐，碧草如茵，生机盎然的校园中洋溢美丽的笑脸，绽放生命的灿烂。学校先后荣获"全国青少年校园足球特色学校""全国啦啦操实验学校""河南省体育传统项目学校""河南省小学德育实验学校""河南省科普教育示范基地""河南省示范家长学校""郑州市教科研先进单位"等荣誉称号。

第一部分　学校课程哲学

　　学校课程关注教育的生命主体，以尊重、理解、赏识、激励为核心，在教育过程中，鼓励个性发展，努力创造和谐美好的教育境界。

一、学校教育哲学

　　所谓"和美"，即"和谐，尚美"。《广雅》云："和，谐也"。[①] "和"是和谐，是善于在冲

_____

① 《广雅》是我国最早的一部百科词典，共收字 18 150 个，是仿照《尔雅》体裁编纂的一部训诂学汇编。

突中求合作、求发展。《荀子·天论》云："万物各得其和以生，各得其养以成"。[1] 从古至今，"和谐"都是人类的美好理想。和，即"和德、和智、和雅"。"和德"即德性如一，内心平和；"和智"即品学兼优，知行谐和；"和雅"即文雅多礼，举止温和。美：凡好皆为美，与善同义，指美好的境界。美，即"尚美、育美、至美"。"尚美"即求真务实、笃学至美；"育美"即以爱导行、以德滋美；"至美"即启迪智慧、尚善尚美。

和相应，美相随。"和美教育"的目标是：为了教育者和受教育者在和谐中相伴成长，过美好的教育生活。学校认为，教育是一种顺其自然的活动，"和美教育"就是让学生做一个有"根"有"魂"的人，和为根，美为魂。根越深，吸收的养分越充足，心中有志向、有信仰，即使历经风雨，也将看到彩虹，成就最美的自己。基于此，学校将办学理念确定为：与和同行，与美相遇。

我们希望，校园里的每一个个体都能在和美的天空下自由地呼吸。由此，我们提出学校教育信条：

我们坚信，学校是一个和美的地方；

我们坚信，每一个孩子都是和美的天使；

我们坚信，和美的时代润泽师生和美的心灵；

我们坚信，过和美的教育生活是教师的职业追求；

我们坚信，向着和美出发是学校教育最舒展的姿态；

我们坚信，让每一个孩子走进和美人生是教育的最美期待。

二、学校课程理念

苏格拉底说："教育不是灌输，而是点燃火焰。"[2] 柏拉图说："教育非它，乃心灵转向。"[3] 归根结底，教育是影响儿童精神成长、温暖儿童心灵的事业。教育就是要用全部的心灵让儿童温暖地成长。学校课程是实现教育梦想的最基本途径，我们始终秉承"和美"的教育哲学，引领师生在课程中成长、体验、感悟和收获。因此，我们将学校的

---

[1] 《荀子·天论》是战国末期儒家思想家、教育家荀子的著作，其主旨是揭示自然界的运动变化有其客观规律。

[2] 出自古希腊哲学家苏格拉底的名言。

[3] 出自柏拉图的名言，柏拉图是西方教育史上第一个提出完整的学前教育思想并建立了完整的教育体系的人。

课程理念确定为"向着和美出发",引领师生与和同行,与美相遇,走进和美人生。这意味着:

——课程即生长的方向。学校从国家课程、校本课程、社团课程、活动课程等多个维度,努力构建立体化的课程体系。让课程服务于儿童的天性,让课程服务于儿童的生命成长。努力站在儿童的立场,研究儿童的心理,注重儿童的认知,关注儿童的体验,让儿童在不断感受学习快乐和幸福的同时,实现知识、生活与生命的深刻共鸣。

——课程即和美的滋养。学校课程是通过师生互动、生生互动,共同发展的课堂。它既注重了知识的生成过程,又注重了儿童的情感体验和能力培养。学校的课程体现了课堂教学的多元、丰富、开放,激发师生的创造性和智慧潜能,从而使课堂真正焕发出生命活力,给儿童内心和美的滋养,打亮儿童亮丽的精神底色,让学生在和美的环境中汲取振翅高飞的能量。

——课程即生命的旅程。儿童不是成人的缩影,他们具有独特的生理、心理特点。基于儿童的成长规律,学校的课程体系要尊重儿童的认知特点,符合儿童的成长需要,使之成为孩子生命过程中一段美好的旅程。在"向着和美出发"的课程理念指引下,不断地丰富儿童一个又一个兴奋和感动的生命体验。

——课程即相伴的成长。科学完善的课程体系是教师和学生成长的沃土,既关注教师的发展,又关注学生的成长。教育是一场"春雨",而老师是"春雨"的使者,当"春雨"知节发生之时,便能滋润心灵,呵护成长,收到润物无声之效。校园需要"春雨",课堂需要"春雨",当我们及时在学生的心灵"洒"下滴滴"春雨","禾苗"才会在滋润下茁壮的成长,春雨过后,一定是一片万紫千红的景象。

总之,课程就像春雨润物,静谧美好;学生就像棵棵幼苗,在和暖的春风中汲取知识的甘霖。师生在课程相遇,在课堂相约,相伴成长,达到和美共生的境界。基于此,学校将"和美教育"下的南阳路第二小学课程命名为"春之雨课程"。

第二部分　学校课程目标

课程是学校的核心竞争力，是学校办学特色的核心载体，只有通过课程，学校教育的价值才能得以实现。

一、学校育人目标

金水区南阳路第二小学致力于培养"真、善、美、新"的南二学子。

——真：脚踏实地，探求真知。"真"是本源，学校本着"千教万教教人求真，千学万学学做真人"的理念，通过丰富的课程建设，使学生成为脚踏实地、务实求真、诚实守信、坚持不懈的人。

——善：心存大爱，自立自强。"善"是仁义，出自《大学》开篇："大学之道，在明明德，在亲民，在止于至善。"道德修为的最高境界"至善"，我们追求一种尽善尽美的境界，愿学生成长为善良宽容、心存大爱、乐于助人、敢于担当的人。

——美：谦谨好学，兴雅趣广。"美"是志趣，引导师生崇尚淳真、追求品质、尊重个性，其核心是培养具有尚美精神的人。让学生成长为谦谨好学、体魄强健、志趣广泛、个性张扬的人。

——新：推陈出新，锐意进取。"新"是智慧，以培养创新精神和创新能力为基本价值取向，着重研究与解决在基础教育领域如何培养小学生的创新意识、创新精神和创新能力的问题，使学生善于想象、大胆参与、敢于质疑、勤于实践。

二、学校课程目标

依据国家基础教育培养目标，在课程设置上，我们严格贯彻落实《国家课程改革实施方案》，在注重国家课程校本化、校本课程多元化、特色课程个性化的基础上构建"和美"课程体系，旨在培育"真、善、美、新"的和美人才，促进学生全面及个性发展，成为适应时代需求的和美人才。我们将培养目标进行了细化，形成了低中高年级的分级段课程目标，如下图（见表 4 - 1）。

表 4-1　金水区南阳路第二小学课程目标一览表

课程目标 \ 育人目标	低年级	中年级	高年级
真	激发兴趣,愿意学习; 积极参与,乐于表现; 眼神专注,认真听讲; 站姿端正,声音洪亮。	会学会思,积极实践; 敢于展示,树立自信; 自觉预习,查阅积累; 课前预习,提出质疑。	独立思考,勤于探究; 巧记善问,查漏补缺; 举一反三,学以致用; 拓展延伸,深入实践。
善	同伴相处,友好待人; 心有他人,懂得谦让; 发现优点,愿意称赞; 遵守规则,做事有序。	欣赏他人,正视自己; 学会表达,善于沟通; 自觉尊重,真诚赞美; 虚心接纳,分享成功。	掌控情绪,尊重赏识; 主动交流,取长补短; 善于合作,乐于分享; 主动承担,顾全大局。
美	奇趣童心,初感美好; 喜欢艺术,陶冶情感; 积极锻炼,感受快乐; 热爱自然,寻求发现。	感悟经典,培养审美; 发展特长,学会赏美; 坚持练习,力行学美; 乐观自信,学有所美。	积极锻炼,体魄强健; 确立特长,持续发展; 健康生活,合理安排; 谦谨好学,志趣广泛。
新	寻找兴趣,尝试体验; 遇到困难,寻求帮助; 乐于模仿,勤于观察; 大胆尝试,敢于展示。	喜欢尝试,树立自信; 崇尚科学,主动探究; 动手动脑,实验发现; 善于想象,大胆参与。	乐于尝试,虚心好学; 寻根问源,积极实践; 敢于挑战,勇于创新; 善于总结,积少成多。

第三部分　学校课程体系

在学校"和美教育"的引领下,我们致力于培养"真、善、美、新"的南二学子,建构了学校"春之雨课程"体系。

一、学校课程逻辑

学校基于"和美教育"的教育哲学及课程目标,开发设置了"春之雨课程"体系,包括语丝坊课程、艺体园课程、创智谷课程、养心阁课程、智慧树课程。以下是"春之雨课程"逻辑示意图(见图 4-1)。

二、学校课程结构

结合学校课程资源开发情况,根据"春之雨课程"设置分类,学校对五类课程进行了系统构建。

(一) 语丝坊课程

"语丝坊课程"即语言与交流课程。关注学生语言素养,在语文、英语学科开发构

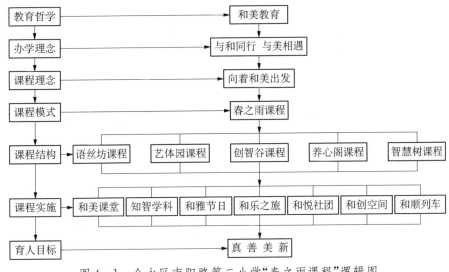

图4-1　金水区南阳路第二小学"春之雨课程"逻辑图

建了"雅趣语文"和"Fun English"课程。"雅趣语文"品雅趣、赏雅味，通过趣味拼读、讲演故事、品诗析词、诵读经典，达到润物细无声的教育目的。"Fun English"课程群依据学生的身心发展规律设置了不同年级段的教学内容。每个年级的特色各不相同，由课堂学习逐步转化为课外实践。

（二）艺体园课程

"艺体园课程"即艺术与健康课程。关注学生艺术修养和身心健康，以"和美教育"哲学理念为引领，体育学科开发了"多多玩""多多学""多多练"三类课程，培养学生终身体育的意识和能力，感悟和美教育的精髓。美术学科开发的"灵动的色彩""指尖的芭蕾""眼睛的旅行""艺术的方程"系列课程，在1—6年级分层实施，让学生学会用多样的艺术表现形式表达丰富的内心世界。"灵动音乐"让师生乘着歌声的翅膀，在充满灵动的气息中感悟节奏之和谐，音律之唯美，陶冶艺术情操。

（三）创智谷课程

"创智谷课程"即科学与探索课程。以科学、信息技术学科为基础，针对年龄不同、个性迥异的学生，开设了"乐享自然""乐创生活""乐智实验""乐趣探究""乐享舞台"五大系列课程。提倡学生在快乐中学习科学知识，发现科学问题、探究科学奥秘，从而提高学生科学素养。

（四）养心阁课程

"养心阁课程"即自我与社会课程。在基础课程《道德与法治》《品德与社会》《心理健康》的基础上挖掘课程资源,通过节日课程、研学旅行课程及综合实践活动课开设相关课程,着重培养学生自主学习、相互合作、探究发现的综合实践能力,同时丰富学生情感体验。

（五）智慧树课程

"智慧树课程"即逻辑与思维课程。以数学课程为依托,开设"心中有数""随物赋形""统而概之""智以践形"四块拓展课程,让学生发现数学的美,通过欣赏、研究、探索、体验,培养学生的计算能力、综合运用能力,感悟数学之魅力。

我们以全面规范的课程设置促进学生发展,让"春之雨课程"润童心,促成长。以下是学校"春之雨课程"结构示意图(见图4-2)。

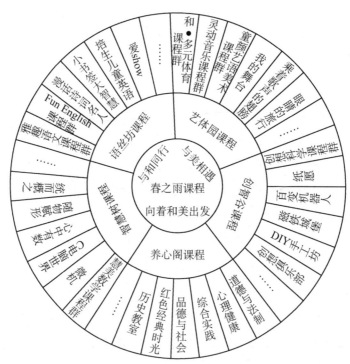

图4-2 金水区南阳路第二小学"春之雨课程"结构示意图

三、学校课程设置

在课程理念的指引下,学校充分挖掘教师潜能,以学生兴趣为立足点,结合学科特点与优势,对"语丝坊""艺体园""创智谷""养心阁""智慧树"五类课程进行了系统设置。具体如下(见表4-2)。

表4-2　金水区南阳路第二小学课程设置表

课程设置 学期	语丝坊课程	艺体园课程	创智谷课程	养心阁课程	智慧树课程
一年级上学期	语文 英语 拼音王国 绘声绘色 图画日记 听故事讲故事 国学启蒙 培生儿童英语 Level 1 单词消消乐 中英歌谣大 PK 英语国家标志物 校园文化	体育 贴鼻子 快乐韵律操 多形式翻滚 音乐 经典赏析 我的动物朋友 游戏宫 传递"乐"能量 美术 涂涂画画 纸愿 发现身边的美 探访自然 书法 小黄莺合唱团	科学 我的学校 能工巧匠 动物嘉年华 太阳的方向 大泡泡 磁铁城堡 拼拼凑凑〈上〉 (小制作)	道德与法制 心理健康 我爱大自然 郑州绿博园 各美其美体育节 和美生香阅读节 月圆人和中秋节 敬老德美重阳节 和乐和美过春节 尚善尚美建队节 和润幼苗入校课程 我有一个小愿望 我是安全小卫士 我是小雷锋 争当阅读小明星 我是劳动小能手 少年强则国强 我爱我家 安全记心间 老师,您辛苦了! 祖国妈妈我爱你 我是科技小达人 我是小法官	数学 数一数二 能工巧匠 井井有条 梦寐以"求"
一年级下学期	语文 英语 拼音王国 绘声绘色 图画日记 听故事讲故事 国学启蒙 培生儿童英语 Level 1 单词消消乐 中英歌谣大 PK	体育 拉人角力 小飞机快飞 限时附撑控 音乐 经典赏析 我的动物朋友 游戏宫 传递"乐"能量 美术	科学 美丽家园 能工巧匠 植物新世界 多变月亮 藏起来的空气 都去哪了 拼拼凑凑〈下〉 (小制作)	道德与法制 心理健康 我爱大自然 郑州植物园 和和美美元宵节 美在传承清明节 融合至美端午节 各显其美体育节 和美生香阅读节 美在卓越艺术节	数学 数以百计 "巧"夺天工 井然有条 博览群书

（续表）

课程设置 / 学期	语丝坊课程	艺体园课程	创智谷课程	养心阁课程	智慧树课程
一年级下学期	英语国家饮食文化 绿色植物文化	涂涂画画 纸愿 发现身边的美 探访自然 书法 小黄莺合唱团 畅想剧团		我有一个小愿望 我是安全小卫士 我是小雷锋 争当阅读小明星 我是劳动小能手 少年强则国强 我爱我家 安全记心间 老师，您辛苦了！ 祖国妈妈我爱你 我是科技小达人 我是小法官	
二年级上学期	语文 英语 和字典交朋友 走进奇妙的故事世界 图画笔记 "悦"说—我想和你做朋友 成长的足迹 培生儿童英语Level 1 字母初体验 巧手剪窗花 嗨歌 英语国家待人礼仪 绿色植物文化	体育 把你拉起来 两人三足 半起卷腹 音乐 银屏之声 我最喜爱的动画歌曲 跳起来 配乐故事会 美术 线条房子 巧手剪窗花 民间艺术的风采 探访自然 书法 小黄莺合唱团 FIFA足球 舞精灵社团 畅想剧团	科学 深海奇缘 独出心裁 环保新装 植物节节高 温暖暖小屋 冰块不见了 零零整整（机器人零件认识） 小小巧手社	道德与法制 心理健康 书香之旅 河南省青少年图书馆 各美其美体育节 和美生香阅读节 欢度传统节日 声美琴和音乐节 我有一个小愿望 我是安全小卫士 我是小雷锋 争当阅读小明星 我是劳动小能手 少年强则国强 我爱我家 安全记心间 老师，您辛苦了！ 祖国妈妈我爱你 我是科技小达人 我是小法官	数学 "诀"以高下 别出心裁 精打细算 玉尺量才 流淌纸间社
二年级下学期	语文 英语 和字典交朋友 走进奇妙的故事世界 图画笔记 "悦"说—动物伙伴 成长的足迹	体育 大鱼网 街舞秀 30秒深蹲直体跳 音乐 银屏之声 我最喜爱的动画歌曲	科学 梦想蓝天 独出心裁 快乐机器人 动物大转盘 吃饱喝好 分分合合	道德与法制 心理健康 书香之旅 河南省青少年图书馆 各美其美体育节 和美生香阅读节 欢度传统节日 声美琴和音乐节 我有一个小愿望	数学 "诀"算高手 涉笔成趣 阴晴圆缺 量才录用 流淌纸间社

（续表）

课程设置\\学期	语丝坊课程	艺体园课程	创智谷课程	养心阁课程	智慧树课程
二年级下学期	培生儿童英语Level 1 字母初体验 嗨歌 英语国家的生活习惯	跳起来 配乐故事会 美术 线条房子 巧手剪窗花 民间艺术的风采 探访自然 书法 小黄莺合唱团 FIFA 足球 舞精灵社团 畅想剧团	安装拆卸（机器人简单组装） 小小巧手社	我是安全小卫士 我是小雷锋 争当阅读小明星 我是劳动小能手 少年强则国强 我爱我家 安全记心间 老师，您辛苦了! 祖国妈妈我爱你 我是科技小达人 我是小法官	
三年级上学期	语文 英语 成语世界 走进曹文轩 小手写我心 广告之星 梦回大唐 培生儿童英语Level 2 单词韵律操 彩虹桥 英语国家的交际语言 萌芽文学社	体育 2 分钟穿梭传球比赛 心脏的节奏 400 米小碎步 快速走 音乐 古风新韵 新学堂歌 就要节奏感 诗歌会 美术 四季的色彩 黏土造型师 相约艺术家 变废为宝 晨星启明啦啦操 FIFA 足球 绳彩飞扬 百变不织布—布贴画 小黄莺合唱团 爱乐管乐团 舞精灵 七彩绘画 衍纸 畅想剧团 翰墨飘香书法社	科学 创想俱乐部 百变机器人 新型交通工具 匠心独具 绚丽的光影 上夜班 瓜果交易户落不下来 勇往直前（机器人前行） 豆豆乐社	品德与社会 心理健康 综合实践 红色经典时光 革命传统教育 二七纪念塔 各显其美体育节 和美生香阅读节 欢度传统节日 我有一个小愿望 我是安全小卫士 我是小雷锋 争当阅读小明星 我是劳动小能手 少年强则国强 我爱我家 安全记心间 老师，您辛苦了! 祖国妈妈我爱你 我是科技小达人 我是小法官	数学 胸有乘除 兜兜转转 日积月累 足智多谋

（续表）

课程设置 / 学期	语丝坊课程	艺体园课程	创智谷课程	养心阁课程	智慧树课程
三年级下学期	语文 英语 成语世界 走进曹文轩 小手写我心 广告之星 梦回大唐 培生儿童英语 Level 2 单词韵律操 彩虹桥 英语国家的服饰礼仪 萌芽文学社	体育 山路弯弯 拳击 boxing 攻防练习 100米阻力跑 音乐 古风新韵 新学堂歌 就要节奏感 诗歌会 美术 四季的色彩 黏土造型师 相约艺术家 变废为宝 书法 晨星启明啦啦操 FIFA足球 绳彩飞扬 百变不织布—布贴画 小黄莺合唱团 爱乐管乐团 舞精灵 七彩绘画 衍纸 畅想剧团 翰墨飘香书法社	科学 创想俱乐部 百变机器人 新型交通工具 匠心独具 图形的世界 风呀风 电灯亮了 神奇小针 进进退退 豆豆乐社	品德与社会 心理健康 综合实践 红色经典时光 走进厚重河南 ——河南博物院 欢度传统节日 各美其美体育节 和美生香阅读节 美在卓越艺术节 我有一个小愿望 我是安全小卫士 我是小雷锋 争当阅读小明星 我是劳动小能手 少年强则国强 我爱我家 安全记心间 老师，您辛苦了！ 祖国妈妈我爱你 我是科技小达人 我是小法官	数学 数来知往 尺寸之地 量入为出 别出心裁
四年级上学期	语文 英语 小字词，大收获 小动物，大情感 小舞台，大梦想 小本子，大作家 小书签，大智慧 培生儿童英语 Level 3 英语角 Chant club Fun festival 萌芽文学社	体育 呼啦圈接力赛 垒球简易规则与基础技术 直体两头起 音乐 中国民歌鉴赏 家乡赞歌 我们的小乐队 一路踏歌 美术 趣味卡通 艺路之美 花样手抄报	科学 纸愿 创想俱乐部 百变机器人 22世纪的家 独具匠心 回到远古 月球部长 胃口好 美丽的家 绕圈子（机器人原地转圈）	品德与社会 综合实践 历史教室 我的家乡美 郑东新区 各显其美体育节 和美生香阅读节 欢度传统节日 我有一个小愿望 我是安全小卫士 我是小雷锋 争当阅读小明星 我是劳动小能手	数学 微机 棋乐无穷 数形象成 华丽转身 时来运"转" 斗转星移

（续表）

课程设置 / 学期	语丝坊课程	艺体园课程	创智谷课程	养心阁课程	智慧树课程
四年级上学期		晨星启明啦啦操 FIFA 足球 绳彩飞扬 炫彩视觉艺术团 百变不织布—布贴画 小黄莺合唱团 爱乐管乐团 舞精灵 七彩绘画 衍纸 钻石画 畅想剧团 彩艺卡通画 翰墨飘香书法社		少年强则国强 我爱我家 安全记心间 老师,您辛苦了! 祖国妈妈我爱你 我是科技小达人 我是小法官	
四年级下学期	语文 英语 小字词,大收获 小动物,大情感 小舞台,大梦想 小本子,大作家 小书签,大智慧 培生儿童英语 Level 3 英语角 Chant club Fun festival 萌芽文学社	体育 踩气球大战 传统武术 多方位快速位移 音乐 中国民歌鉴赏 家乡赞歌 我们的小乐队 一路踏歌 美术 趣味卡通 艺路之美 花样手抄报 书法 晨星启明啦啦操 FIFA 足球 绳彩飞扬 炫彩视觉艺术团 百变不织布—布贴画 小黄莺合唱团 爱乐管乐团 舞精灵 七彩绘画 衍纸 钻石画	科学 纸愿 创想俱乐部 百变机器人 22 世纪的家 独具匠心 魔幻家园 自然法庭 火与生活 小撬杠 弯弯曲曲（机器人曲线行走）	品德与社会 综合实践 历史教室 科技之旅 河南省科技馆 欢度传统节日 各显其美体育节 和美书香阅读节 美在卓越艺术节 我有一个小愿望 我是安全小卫士 我是小雷锋 争当阅读小明星 我是劳动小能手 少年强则国强 我爱我家 安全记心间 老师,您辛苦了! 祖国妈妈我爱你 我是科技小达人 我是小法官	数学 微机 棋乐无穷 "计"多取巧 觅迹寻踪 苗壮成长 天衣无缝

（续表）

课程设置 / 学期	语丝坊课程	艺体园课程	创智谷课程	养心阁课程	智慧树课程
四年级下学期		畅想剧团 彩艺卡通画 翰墨飘香书法社			
五年级上学期	语文 英语 汉字英雄 读点经典 聚焦人物篇 漫话诗词名人 趣味古诗词 培生儿童英语 Level 4 英语角 爱 Show 追溯文化起源 青春辩论社 朗读者社团	体育 小蜗牛搬家 围棋基础入门 反向箭步蹲加跳跃 音乐 传承国粹 京腔京韵 梨园春 梨园文化交流会 美术 黑白艺术 美丽的衍纸 与大师对话 看画展 晨星启明啦啦操 FIFA 足球 绳彩飞扬 彩视觉艺术团 百变不织布—布贴画 小黄莺合唱团 爱乐管乐团 舞精灵 七彩绘画 衍纸 畅想剧团 翰墨飘香书法社	科学 跟着电影看世界 DIY 手工坊 创想俱乐部 百变机器人 未来城市 别具一格 天空之城 地球变脸 冬暖夏凉 变大变小 走走停停 Mindstorms 头脑风暴机器人社	品德与社会 心理健康 综合实践 科技之旅 郑州市气象馆 各显其美体育节 和美生香阅读节 欢度传统节日 我有一个小愿望 我是安全小卫士 我是小雷锋 争当阅读小明星 我是劳动小能手 少年强则国强 我爱我家 安全记心间 老师，您辛苦了！ 祖国妈妈我爱你 我是科技小达人 我是小法官	数学 微机 C 世界电脑 神机妙算 遮天盖地 合情合理 出谋划策 玩转魔方社 三角插社
五年级下学期	语文 英语 汉字英雄 读点经典 聚焦人物篇 漫话诗词名人	体育 天上掉饼干 花式篮球 敏捷梯速度王练习 音乐	科学 跟着电影看世界 DIY 手工坊 创想俱乐部 百变机器人 未来城市	品德与社会 心理健康 综合实践 我的家乡美 黄河名胜游览区 欢度传统节日	数学 微机 C 世界电脑 数有文化 包罗万象

（续表）

学期 \ 课程设置	语丝坊课程	艺体园课程	创智谷课程	养心阁课程	智慧树课程
五年级下学期	趣味古诗词 培生儿童英语Level 4 英语角 爱 Show 探究中西文化差异 青春辩论社 朗读者社团	传承国粹 京腔京韵 梨园春 梨园文化交流会 美术 黑白艺术 美丽的衍纸 与大师对话 看画展 书法 晨星启明啦啦操 FIFA 足球 绳彩飞扬 炫彩视觉艺术团 百变不织布—布贴画 小黄莺合唱团 爱乐管乐团 舞精灵 七彩绘画 衍纸 畅想剧团 翰墨飘香书法社	别具一格 走进太空 漫步云端 微生物大揭秘 玩转电磁铁 绕行走（机器人障碍物避让走） 创想屋社 Mindstorms 头脑风暴机器人社	和美生香阅读节 美在卓越艺术节 我有一个小愿望 我是安全小卫士 我是小雷锋 争当阅读小明星 我是劳动小能手 少年强则国强 我爱我家 安全记心间 老师，您辛苦了！ 祖国妈妈我爱你 我是科技小达人 我是小法官	曲折有度 决策千里 玩转魔方社 三角插社
六年级上学期	语文 英语 小小书法家 书香伴成长 我手写我心 妙语连珠 奇思妙想 培生儿童英语Level 5 英语角 POP STAR Fun trip 朗读者社团	体育 过关斩将 团体拔河 耐力跑 音乐 品味经典 我的舞台我做主 我们的音乐小剧场 音乐论坛 美术 青春的回忆 青春的相册	科学 创想俱乐部 百变机器人 漫步太空 巧夺天工 未来学校 植物角里的秘密 健康快车 倒立正立 升升降降（臂类机器人）	品德与社会 心理健康 综合实践 历史教室 走进厚重河南 嵩山少林寺 各显其美体育节 和美生香阅读节 欢度传统节日 我有一个小愿望 我是安全小卫士 我是小雷锋	数学 微机 C 世界电脑 数以万计 立竿见影 鞭辟入里 执策而行

（续表）

课程设置 / 学期	语丝坊课程	艺体园课程	创智谷课程	养心阁课程	智慧树课程
六年级上学期		艺术宝库 母校的记忆 晨星启明啦啦操 FIFA足球 绳彩飞扬 小黄莺合唱团 爱乐管乐团 舞精灵 畅想剧团 翰墨飘香书法社		争当阅读小明星 我是劳动小能手 少年强则国强 我爱我家 安全记心间 老师,您辛苦了! 祖国妈妈我爱你 我是科技小达人 我是小法官	
六年级下学期	语文 英语 小小书法家 书香伴成长 我手写我心 妙语连珠 奇思妙想 培生儿童英语 Level 5 英语角 POP STAR Fun trip 朗读者社团	体育 人造金字塔 躲避球 "棒棒"相传 音乐 世界经典赏析 我的舞台我做主 我们的音乐小剧场 音乐论坛 美术 青春的回忆 青春的相册 艺术宝库 母校的记忆 晨星启明啦啦操 FIFA足球 绳彩飞扬 小黄莺合唱团 爱乐管乐团 舞精灵 畅想剧团 翰墨飘香书法社	科学 创想俱乐部 百变机器人 漫步太空 巧夺天工 生活在3000年 春夏秋冬 绝色社区 智慧在手中 你来我往(机器人对抗)	品德与社会 心理健康 综合实践 历史教室 感受社会变迁 "好想你"红枣小镇 欢度传统节日 各显其美体育节 和美生香阅读节 美在卓越艺术节 和美传承离校课程 我有一个小愿望 我是安全小卫士 我是小雷锋 争当阅读小明星 我是劳动小能手 少年强则国强 我爱我家 安全记心间 老师,您辛苦了! 祖国妈妈我爱你 我是科技小达人 我是小法官	数学 微机 C世界电脑 车量斗数 多姿多彩 条分缕析 运筹帷幄

第四部分 学校课程实施

课程实施是作为一个动态过程而存在，它不仅仅是教师教的过程，更是学生学的过程。课程实施的过程就是教师和学生在特制的环境场景中发展和成长的过程。课程、教师与学生不是孤立存在的，而是相依相伴，和谐共存的。学校本着"与和同行，与美相遇"的办学理念，从"和美课堂""和智学科""和乐之旅""和雅节日""和悦社团""和创空间""和顺列车"等方面推进实施"春之雨课程"，引领师生向着和美出发。

一、建构"和美课堂"，有效实施学校基础课程

课堂是学校推进课程实施的主要渠道，"和美课堂"是学校基于"与和同行，与美相遇"的办学理念而构建的课堂文化。"和美课堂"是和谐、灵动、新颖、美好的课堂。

（一）"和美课堂"的内涵

"和美课堂"是帮助我们践行"和美教育"核心理念的有效途径。学校以一颗"平和之心"，追求"尚美"境界，用一生的"务实"，追求"美"的价值，使孩子们举止温和、知行谐和、充满"和"的幸福、"美"的享受，最终达成"和美"的最高境界，师生携手同行，共同走进和美人生。

"和美课堂"是和谐的课堂。聚焦教学目标，体现"三维"要求，关注学生关键能力和必备品格的发展，重视价值引领，允许不同价值追求存在，纠正价值取向上的偏差，促进学生健全发展。

"和美课堂"是灵动的课堂。它是互动生成的课堂，充满活力，充满生机；它是开放融合的课堂，探究未知，开启新知。在课堂教学过程中，有心灵的对话，思想的碰撞，学生从中获得感悟和启迪，从而逐步变得有灵气、有悟性、有智慧。

"和美课堂"是新颖的课堂。它努力解决现实生活中的实际问题，针对教学问题寻找新方法。它还表现在教师对常态知识、事物、教材常有新见解、新视角、新创意，善于平凡中见新奇，发人之所未发，见人之所未见。教师善于"激疑布惑"，激发学生好奇质疑和标新立异,并能够提供学生创新思维的方法和策略。

"和美课堂"是美好的课堂。它追求生命成长之美,关注教与学的随机生成,强化学科活动,关注教师引导力度、学生参与程度、学生学习深度、知识掌握广度、知识运用灵活度以及学生提出问题、分析问题、解决问题的能力提升度等。坚持每一堂课都给学生以生命成长之美的浸染,师生在有限的课堂实践中走向无限的生命延展与完善。

(二)"和美课堂"的实施

"和美课堂"旨在塑造优美的教学环境,营造和谐的教学氛围,构建灵活多变的教学形式,激发学生学习兴趣和创造欲望。基于此,"和美课堂"实施关注以下几点:

亲和施爱,民主平等——和谐宽松的"和美课堂"能使教师游刃有余地教,学生轻松自主地学。所以教师应创设良好的教学情境和契机,全身心地关注孩子们的精神生活,走进他们的内心世界,在课堂上呵护每一颗童心,让课堂洋溢浓浓的爱意。

和谐共存,协同发展——在"和美课堂"教学过程中,教师应遵循学生天赋发展趋势,尊重个性差异,设定不同层次的学习目标,因材施教,努力构筑学习共同体。实现和美课堂教学相长,达到双向互动,共同发展的目的。

审美创新,彰显个性——在"和美课堂"中,教师应运用灵活的教学方法,注重学法指导,鼓励学生有新创意、新视角、新想法,培养创新能力,师生共享成功与创新的体验。

(三)"和美课堂"的评价

"和美课堂"评价特别关注三个获得,即:

让学生获得什么:学习目标和内容符合课程标准,切合学生实际。

让学生怎样获得:学习过程与方法有利于教师的引导,有助于学生主体参与,善于激励学生的学习兴趣,引导学生创新和实践,着力发展学生的核心素养。

学生获得了多少:知识与技能的牢固掌握,思维能力、思维品质的提升以及科学思维态度的养成。

"三个获得"聚焦教师的教,关注学生的学,让学生的学习活动在充满和谐、灵动、新颖、美好的课堂中真实发生,具体评价如下(见表4-3)。

表4-3 金水区南阳路第二小学"和美课堂"教学评价表

评价项目		评 价 标 准	效果
和谐	学习目标	1. 学习目标结合学生实际,符合教学内容,全面、明确、具体。	
		2. 学习目标引领教学活动,且自然地融会贯通于教学活动中,注重层次性、均衡性、针对性。	
灵动	学习内容	1. 依据教学目标,确定合理的教学内容,突出重点,突破难点。	
		2. 量、度、序安排恰当,合理、科学、创造性地使用教材,注重学科之间的整合与相互渗透。	
	教学结构	1. 符合认知规律,敢于创新,结构合理、完整。	
		2. 学生学习活动时机适宜且有效。	
	教学方法	1. 创设情境,激发学生学习积极性,激活学生探究新知识的先前经验,课堂情景和谐、融洽。	
		2. 教学过程活动化,形式多样,内容丰富。活动安排有层次,有价值,有及时充分的信息交流。	
		3. 积极营造师生平等、民主、和谐的课堂氛围。尊重学生个别差异,表扬、鼓励恰当。	
		4. 引导鼓励学生发现问题,提出问题,围绕问题进行深度探索,敢于质疑、创新。	
新颖	教学素养	1. 师生关系平等、和谐,努力关注每一个学生。	
		2. 语言准确、精炼、规范,具有启发性、开放性。教学个性鲜明,课堂应变调控能力强。	
		3. 教法灵活,注重学法指导,能适时有效地介入课堂。	
		4. 多媒体应用适时、适度,正确、熟练。	
美好	学习效果	1. 注意力集中,兴趣浓厚,对学习内容有好奇心和求知欲。	
		2. 能积极参加到动手实践、合作交流的学习活动中去,课堂气氛活跃,学生在小组合作中参与率达90%以上。	
		3. 能积极独立思考、发现问题、提出问题、分析问题、解决问题和大胆质疑,思维能力得到发展。	
		4. 理解和掌握本课时的基础知识与技能,学科思想和方法,获得不同学科学习活动的经验。	
		5. 学生在原有的水平上得到提高,获得成功的体验,建立自信。	

本课亮点：　　　　　　　　　　　　　　　　存在问题：

建议：

二、建设"和智学科",推进学科课程群开发

学科是学校课程重要的、真实的生产力。"和美教育"以"和智学科"来推进学校特色学科的建设和实施。学科特色课程着眼发展学生核心素养,将课程统整规划,适合师生需求,利于学生发展。通过"和智学科"的构建与落实,尝试多种渠道、多样方式实现育人目标。

(一)"和智学科"建设路径

"和智学科"的建设是为完善学生的素质结构,围绕同一学科或研究主题,将与该学科或研究主题具有逻辑联系的若干课程,在知识、方法、问题等方面进行重新规划、整合构建而成的有机课程系统,即建构学科课程群是以培养学生为主线、以课程的逻辑联系为纽带、以教师团队合作为支撑、以教学质量为抓手,根据学生的生活体验、智力发展水平、现有知识基础及知识结构为出发点进行,抓住学科间的融合点,挖掘课程生长点,拓宽课程的广度与深度。

1. "慧美数学"课程群

"慧美数学"学科课程理念是以"人人受益、人人成长"[①]为核心,把"以生为本"作为课程实施的基本要求,把"学生放在学科的中央"[②],尊重学生个体、呵护学生个性、促进情智共生,师生共同经历美好的学科学习之旅。"慧美数学"是站在学生立场实施教育的教学,是注重学生个性发展的数学,是促进学生情智共生的数学;是发现美、体验美、追求美的数学。其课程基于问题情境,促进思维间的智慧碰撞,激发学科学习的潜能,增强学习兴趣和信心。是一门实现人生美好,并具有自我生长力的课程。除基础课程外,具体课程设置如下(见表4-4)。

表4-4 金水区南阳路第二小学"慧美数学"课程设置表

课程\学期	心中有数 (数与代数)	随物赋形 (图形与几何)	统而概之 (统计与概率)	智以践行 (综合与实践)
一年级上学期	数一数二 (20以内的数)	能工巧匠 (立体图形)	井井有条 (分类一)	梦寐以"求" (睡眠时间)

---

① 史宁中. 义务教育数学课程标准(2011年版)解读[M].北京:北京师范大学出版社.2012.

② 杨四耕.进入学科深处的六个秘密[M].上海:华东师范大学出版社.2016.

课程 学期	心中有数 （数与代数）	随物赋形 （图形与几何）	统而概之 （统计与概率）	智以践行 （综合与实践）
一年级下学期	数以百计 （百以内的数）	"巧"夺天工 （七巧板）	井然有序 （分类二）	博览群书 （阅读数量）
二年级上学期	"诀"以高下 （乘法口诀）	别出心裁 （动手剪折）	精打细算 （家庭开支）	玉尺量才 （小单位测量）
二年级下学期	"诀"算高手 （活用口诀）	涉笔成趣 （图形设计）	阴晴圆缺 （天气变化）	量才录用 （校园测量）
三年级上学期	胸有乘除 （乘除计算）	兜兜转转 （周长）	日积月累 （积蓄）	足智多谋 （旅游中的数学）
三年级下学期	数来知往 （数的认识）	尺寸之地 （面积）	量入为出 （水电气费用）	别出心裁 （绘图与制作）
四年级上学期	数形象成 （数的发展）	华丽转身 （线与角的旋转）	时来运"转" （抽奖游戏）	斗转星移 （方向与位置）
四年级下学期	"计"多取巧 （简便运算）	觅迹寻踪 （建筑物中的图形）	苗壮成长 （栽蒜苗）	天衣无缝 （密铺）
五年级上学期	神机妙算 （神奇的数）	遮天盖地 （大面积的感知）	合情合理 （游戏方案）	出谋划策 （出行方案）
五年级下学期	数有文化 （分数的奥秘）	包罗万象 （体积与容积）	曲折有度 （生活中的统计）	决策千里 （象征性长跑）
六年级上学期	数以万计 （方法多样）	立竿见影 （观察物体）	鞭辟入里 （生活中的统计）	执策而行 （生活实践）
六年级下学期	车量斗数 （数理归类）	多姿多彩 （图形的美与设计）	条分缕析 （数据整理与分析）	运筹帷幄 （校园平面图）

　　基于"慧美数学"学科课程理念、课程目标，以学科核心素养为标尺，从构建"慧美课堂"、搭建"慧美乐园"、展开"慧美研学"、建设"慧美社团"、开放"慧美悦读"、创设"慧美空间"、乐享"慧美嘉年华"这七个途径，推进"慧美数学"课程的实施。基于多样性特色课程的实施与目标达成，采取相应的评价标准，以过程性评价与形成性评价相结合的形式，从课程开展情况、学生学习的精神状态、学习的参与程度和参与效果等方面展开，融入多元的评价方式，对学生进行综合性评价。

　　2."雅趣语文"课程群

　　"雅趣语文"是文雅的语文，是情趣共生的语文。语文课程的开发，需要学生在学习语言文字的同时,深刻感受到母语带给自己的无穷魅力。赏雅趣、品雅味,通过趣味拼读、讲演故事、品诗析词、诵读经典,达到"润物细无声"的教育目的。尊重学生独特的情感体验,让学生在语言文字运用的过程中,达到工具性与人文性的统一,从而发现美、感悟美、展现美。除基础课程外,具体课程设置如下(见表4-5)。

表4-5 金水区南阳路第二小学"雅趣语文"课程设置表

课程 学期	我爱写字	精彩阅读	快乐写作	能说会道	漫游世界
一年级上学期	拼音王国	绘声绘色	图画日记	听故事讲故事	国学启蒙
一年级下学期	书写小达人	绘声绘色	图画日记	听故事讲故事	国学启蒙
二年级上学期	和字典交朋友	走进奇妙的故事世界	图画笔记	"悦"说—我想和你做朋友	成长的足迹
二年级下学期	和字典交朋友	走进奇妙的故事世界	图画笔记	"悦"说—动物伙伴	成长的足迹
三年级上学期	成语世界	走进曹文轩	小手写我心	广告之星	梦回大唐
三年级下学期	成语世界	走进曹文轩	小手写我心	广告之星	梦回大唐
四年级上学期	小字词,大收获	小动物,大情感	小舞台,大梦想	小本子,大作家	小书签,大智慧
四年级下学期	小字词,大收获	小动物,大情感	小舞台,大梦想	小本子,大作家	小书签,大智慧
五年级上学期	汉字英雄	读点经典	聚焦人物篇	漫话诗词名人	趣味古诗词
五年级下学期	汉字英雄	读点经典	聚焦人物篇	漫话诗词名人	趣味古诗词
六年级上学期	小小书法家	书香伴成长	我手写我心	妙语连珠	奇思妙想
六年级下学期	小小书法家	书香伴成长	我手写我心	妙语连珠	奇思妙想

"雅趣语文"课程群采取"嵌入式课堂",实践性和探究性相结合,必修和选修相结合,将"听、说、读、写"四项能力渗透进课程中,从学习态度、学习方法等多维角度开展评价,采取评价表、竞赛活动、演讲等方式进行及时评价,让孩子在丰富多彩的课程中体验语文之雅、语文之趣。

3. "Fun English"课程群

"Fun English"课程以激发学生学习英语的兴趣为核心,营造愉悦的语言环境,开展丰富多彩的英语活动,提高学生英语的综合素养,帮助学生初步建立语言体系,进一步提高英语水平。在基础课程上,特研发以下拓展课程,具体设置如下(见表4-6)。

表 4-6 金水区南阳路第二小学"Fun English"课程设置表

课程/学期	Fun Thinking（听 & 读）	Fun ABC（说 & 写）	Fun Play（说 & 演）	Fun Culture（综合）
一年级上学期	培生儿童英语 Level 1（观察发现思维能力）	单词消消乐	中英歌谣大 PK	英语国家标志物
一年级下学期		单词消消乐	中英歌谣大 PK	英语国家饮食习俗
二年级上学期	培生儿童英语 Level 1（观察发现思维能力）	字母初体验	嗨歌	英语国家待人礼仪
二年级下学期		字母初体验	嗨歌	英语国家的生活习惯
三年级上学期	培生儿童英语 Level 2（概括文本思维能力）	单词韵律操	彩虹桥	英语国家的交际语言
三年级下学期		单词韵律操	彩虹桥	英语国家的服饰礼仪
四年级上学期	培生儿童英语 Level 3（概括文本思维能力）	英语角（我爱说单词）	Chant club	Fun festival
四年级下学期		英语角（我爱说单词）	Chant club	Fun festival
五年级上学期	培生儿童英语 Level 4（辨析建构思维能力）	英语角（语音大咖秀）	爱 show	追溯文化起源
五年级下学期		英语角（语音大咖秀）	爱 show	探究中西文化差异
六年级上学期	培生儿童英语 Level 5（辨析建构思维能力）	英语角（日常交流 500 句）	Pop star	Fun trip
六年级下学期		英语角（日常交流 500 句）	Pop star	Fun trip

"Fun English"课程群或依托"Fun English"课堂，通过课外阅读发展学生的思维能力；或依托 Fun Festival、英语角、微课程、Fun Trip 等多种形式进行实施。以多种多样的互动、寓教于乐的课堂取代传统的教学方式，让学生感受到英语学习的乐趣、英语课堂的魅力，养成趣味学英语、乐于说英语的习惯，即"趣味促学，乐享其中"。提高学生的语言素养，鼓励学生将第二语言主动、自然地运用到平时的学习与生活中去，让英语学习真正富有活力和持续发展的生命力。

4. "创想科学"课程群

"创想科学"以乐趣科学、发现科学、探究科学为宗旨。提倡学生在快乐的氛围中学习科学知识，发现科学问题、探究科学奥秘，在多彩的实践中创新，在综合运用中发展，提高学生的科学素养。除基础课程外，具体课程设置如下（见表 4-7）。

表4-7 金水区南阳路第二小学"创想科学"课程设置表

课程 \\ 学期	乐赏自然	乐创生活	乐智实验	乐趣探究	乐享舞台
一年级上学期	太阳方向	大泡泡	磁铁城堡	拼拼凑凑〈上〉（小制作）	动物嘉年华
一年级下学期	多变月亮	藏起来的空气	都去哪了	拼拼凑凑〈下〉（小制作）	
二年级上学期	植物节节高	温暖小屋	冰块不见了	零零整整（机器人零件认识）	美丽新世界
二年级下学期	动物大转盘	吃饱喝好	分分合合	安装拆卸（机器人简单组装）	
三年级上学期	上夜班	瓜果交易会	落不下来	通往直前（机器人前行）	魔幻家园
三年级下学期	风呀风	电灯亮了	神奇小针	进进退退（机器人前行后退）	
四年级上学期	月球部长	胃口好	美丽的家	绕圈子（机器人原地转圈）	回到远古
四年级下学期	自然法庭	火与生活	小撬杠	弯弯曲曲（机器人曲线行走）	
五年级上学期	地球变脸	冬暖夏凉	变大变小	走走停停（机器人障碍物停下）	天空之城
五年级下学期	漫步云端	微生物大揭秘	玩转电磁铁	绕行走（机器人避让走）	
六年级上学期	植物角里的秘密	健康快车	倒立正立	升升降降（臂类机器人）	生活在3000年
六年级下学期	春夏秋冬	绝色社区	智慧在手中	你来我往（机器人对抗）	

"创想科学"学科以过程性评价和终结性评价主为主要评价方式，推进科学课程实施。实行课堂、课下、教师、学生、家长多样式评价。如"科学小实验"不只局限于学校课堂实验的评价，我们还把一些小实验搬到学生家中开展，让家长也参与到对实验课的评价当中。"创想机器人"对学生的评价标准可以让学生自由创意，并采取宽松式的评价，这样的学习评价更有利于学生学习兴趣的培养。采取多种形式的评价，让学生在创想的科学中实现自己的梦想。

5."和·多元体育"课程群

"和·多元体育"是以"健康第一"为指导思想，将体育课形成以空间多元、时间多元、项目多元、形式多元、评价多元多个模块，以纵向与横向结合为一体的课程模式为依托,让学生在掌握基本体育技能的同时,感受体育的美感,体验体育的趣味,收获健康的体魄,培养学生终身体育的意识和能力,为学生的健康成长和特长发展提供平台。除基础课程外,具体课程设置如下(见表4-8)。

表4-8　金水区南阳路第二小学"和·多元体育"课程设置表

课程\学期	课 程 内 容		
	多多玩	多多学	多多练
一年级上学期	贴鼻子 (灵敏)	快乐韵律操 (操化)	多形式翻滚 (身体控制)
一年级下学期	拉人角力 (力量)	小飞机快飞 (投掷)	限时俯撑控 (腰腹力量)
二年级上学期	把你拉起来 (力量)	两人三足走 (配合)	半起卷腹 (腰腹力量)
二年级下学期	大鱼网 (速度、灵敏)	街舞秀 (韵律操)	30秒深蹲直体跳 (大腿力量)
三年级上学期	两分钟穿梭传球比赛 (速度、反应)	心脏的节奏 (心率测量)	400米小碎步快速走 (耐力)
三年级下学期	山路弯弯 (灵敏)	拳击boxing攻防练习 (配合)	100米阻力跑 (速度)
四年级上学期	呼啦圈接力赛 (身体协调)	垒球简易规则与基础技术 (速度、灵敏)	直体两头起 (腰腹力量)
四年级下学期	踩气球大战 (灵敏)	传统武术 (配合)	多方向快速位移 (速度、灵敏)
五年级上学期	小蜗牛搬家 (力量)	围棋基础入门 (规则)	反向箭步蹲加跳跃 (腿部力量、速度)
五年级下学期	天上掉饼干 (趣味)	花式篮球—转球 (协调性)	敏捷梯速度王 (速度)
六年级上学期	过关斩将 (趣味)	团体拔河基本技术与实践 (力量、配合)	800米耐力跑 (耐力)
六年级下学期	人造金字塔 (配合)	躲避球 (灵敏、反应)	"棒棒"相传 (速度、耐力)

"和·多元体育"是以学生为主体,通过体育课堂、社团活动、阳光大课间、校内外赛事、拓展训练等实施途径,在多维空间中,对学生展开多元评价,最终达到学生掌握体育技能,增强身体素质,体会运动乐趣,促进健康成长的目的。

6.“灵动音乐”课程群

"灵动音乐"课程群建设严格遵循《义务教育音乐课程标准》，以音乐审美为核心，以兴趣爱好为动力。强调音乐实践，鼓励音乐创造，突出了音乐学科的特点，注重学科综合能力培养。在弘扬民族音乐的同时，让学生理解世界音乐文化的多样性。课程的设置在面向全体学生的同时，注重个性发展。"灵动音乐"课程，强调学生在学习中的主体地位，从学生成长需要出发，打造生动活泼、富于变化、丰富多彩、富有活力的课程。激发学生主动参与、主动求知、主动成长的欲望。让学生在充满灵动气息的课程中，健康成长。除基础课程外，音乐学科开发了"灵动音乐"课程群，具体设置如下（见表4-9）。

表4-9　金水区南阳路第二小学"灵动音乐"课程设置表

课程\学期	课 程 内 容			
	乘着歌声的翅膀	我的舞台	奇思妙想	我成长我快乐
一年级上学期	经典赏析	我的动物朋友	游戏宫	传递"乐"能量
一年级下学期	经典赏析	我的动物朋友	游戏宫	传递"乐"能量
二年级上学期	银屏之声	我最喜爱的动画歌曲	跳起来	配乐故事会
二年级下学期	银屏之声	我最喜爱的动画歌曲	跳起来	配乐故事会
三年级上学期	古风新韵	新学堂歌	就要节奏感	诗歌会
三年级下学期	古风新韵	新学堂歌	就要节奏感	诗歌会
四年级上学期	中国民歌鉴赏	家乡赞歌	我们的小乐队	一路踏歌
四年级下学期	中国民歌鉴赏	家乡赞歌	我们的小乐队	一路踏歌
五年级上学期	传承国粹	京腔京韵	梨园春	梨园文化交流会
五年级下学期	传承国粹	京腔京韵	梨园春	梨园文化交流会
六年级上学期	世界经典赏析	我的舞台我做主	我们的音乐小剧场	音乐论坛
六年级下学期	世界经典赏析	我的舞台我做主	我们的音乐小剧场	音乐论坛

7.“童颜艺语美术”课程群

"童颜艺语美术"旨在提高学生的美术素养，激发学生丰富的想象力和艺术创新精神，发展动手实践能力，陶冶审美情操，养成健康人格。根据学生的个体差异，设置丰富多彩的教学内容，满足不同层次学生需求。除基础课程外，具体课程设置如下（见表4-10）。

表 4-10　金水区南阳路第二小学"童颜艺语美术"课程设置表

课程＼学期	课程内容			
	灵动的色彩	指尖的芭蕾	眼睛的旅行	艺术的方程
一年级上学期	涂涂画画	纸愿	发现身边的美	探访自然
一年级下学期	涂涂画画	纸愿	发现身边的美	探访自然
二年级上学期	线条房子	剪窗花	民间艺术的风采	艺术与自然
二年级下学期	线条房子	剪窗花	民间艺术的风采	艺术与自然
三年级上学期	四季的色彩	黏土造型师	相约艺术家	变废为宝
三年级下学期	四季的色彩	黏土造型师	相约艺术家	变废为宝
四年级上学期	趣味卡通	百变不织布	艺路之美	花样手抄报
四年级下学期	趣味卡通	百变不织布	艺路之美	花样手抄报
五年级上学期	黑白艺术	美丽的衍纸	与大师对话	看画展
五年级下学期	黑白艺术	美丽的衍纸	与大师对话	看画展
六年级上学期	青春的回忆	青春的相册	艺术宝库	母校的记忆
六年级下学期	青春的回忆	青春的相册	艺术宝库	母校的记忆

"童颜艺语"课程群分为两大部分。一部分课程是以必修课程的形式嵌入美术课堂的实施，另一部分课程以自主选修的形式实施，学生可以根据自身的兴趣爱好自主选择喜爱的课程进行探索学习美术的多元性。为了增强孩子参与艺术活动的积极性，学校定期举办"美术作品展"，将文化墙、艺术节等作为孩子成果展示交流的平台。

(二)"和智学科"的评价要求

我们根据"和智学科"的内涵，依据以下评价标准，在全校范围内评选"和智学科"。

一是注重独特的学科理念。在国家课程校本化、多元化、特色化的基础上展现，制定基于特色学科理念的学科建设方案，按照"优化结构、强化优势、扶持重点、突出特色、创建品牌"的学科建设思路，不断提升学科核心竞争力。

二是建设高效的学科团队。以学科团队建设为教学战略目标，在传承传统教研活动的基础上，积极创新教研方式和内容，学科团队进行有效教研，充分调动和发挥全体教师的积极性，不断浓厚教研氛围，努力使教师"勤研善研、勤教善教"，通过探索、实践、反思，打造出一条团队特色建设之路。

三是打造高品质的学科课堂。确定正确的教学目标，运用多样化的教学形式，设计丰富的课堂活动,培养学生会学善思、敢于创新的能力。

四是创设丰富的课程内容。课程内容丰富的内涵和外延是满足学生日益发展的学习需求的产物。创设多元的课程内容,满足学生的学习兴趣,充实学习生活,丰富学习体验。

五是加强学习方法指导。强调学生在学习中的主体地位,充分发挥学生的能动作用,让学生在参与、交流、合作中学习,创设情趣盎然的教学氛围,激发学习欲望。

三、创设"和雅节日",落实节庆文化课程

优秀的传统节日体现着中华民族的文化自信,对少年儿童的精神成长有着丰富的教育内容和强大的教育力量。开发节日课程,旨在更好地发挥节日育人功能,从而传承文明,坚定文化自信,让学生走近节日,让节日润养童心。

(一)"和雅节日"课程设置

"和雅节日"课程体现我校"和美"办学理念和文化积淀,蕴育学校特色;"和雅节日"课程体现学生需求,辅助育人目标的达成。以节日文化为载体,通过学生对节日有关内容的探究、搜集、整理,拓宽学习的领域,使其在课程活动中开阔视野,培养自主学习、相互合作、探究发现的综合实践能力,丰富学生情感体验。

结合我校"美德育人"的文化特色,整合资源,开发"1+1+1"的节日课程体系,即传统节日课程+少先队节日课程+校园特色节日课程。以此开展"精神寻根",增强学生责任心和参与度,使节日课程充满仪式感,具体实施如下(见表4-11)。

表4-11 金水区南阳路第二小学"和雅节日"课程实施方案表

和雅节日		时间安排	实施途径	活动目的及主要内容
传统节日课程	和和美美元宵节	寒假及开学初	调查访问动手操作实践体验	通过多种方式调查了解元宵节的由来、家乡的庆祝习惯等,和家人一起制作灯笼,或逛花灯等方式庆祝传统节日。
	美在传承清明节	4月上旬	调查访问社会实践少先队活动	清明节主题教育活动主要使学生了解清明节的渊源、含义、习俗以及纪念方式。通过组织学生参加祭扫、网上祭英烈,少先队活动课等形式,引导学生缅怀先烈,发扬感恩精神。
	融合至美端午节	5月上旬	调查研究实践体验	端午节主题活动的开展,旨在让学生了解端午节的来历、传说故事和习俗活动,并通过动手参与包粽子等活动感受浓浓的亲情,体验劳动的快乐。

(续表)

	和雅节日	时间安排	实施途径	活动目的及主要内容
传统节日课程	月圆人和中秋节	9月	庆祝活动实践体验	通过中秋节主题教育活动,使学生了解中秋节的由来、习俗、庆祝意义,初步了解中秋节是家庭团圆的节日,培养学生重亲情、尊重自然,使学生体验关爱家人的情感,感受家园和睦的温馨之情,引导学生对生活无限的热爱和对美好生活的向往。
	敬老德美重阳节	10月	社会实践	通过开展重阳节敬老主题教育活动,使学生了解有关重阳节的由来、传统习俗活动,庆祝的意义,从而使学生认识到尊老爱幼自古以来是中华民族的传统美德。通过组织学生参加敬老活动,增强他们敬老尊长的意识,弘扬中华民族尊老爱老的优良传统。
	和乐和美过春节	2月	实践体验	实现语文、数学、节日等课程的整合,通过"我的压岁钱"调查活动、春联征集活动、走亲访友礼仪活动的开展,了解春节的由来及隆重的习俗仪式,领略传统文化的博大精深。通过拜年走亲访友等活动,培养学生"勤劳节约、文明敬老"的优良品质。
校园节日课程	各显其美体育节	4月下旬9月下旬	足球文化节运动会体质达标测试	通过两次活动促使学生良好的体育锻炼习惯的养成,增强体质,提高团队合作意识,加强足球文化在我校的普及及应用,在趣味比赛和竞技比赛中,加强班级、年级之间的沟通交流,增进友谊。
	美在卓越艺术节	5月下旬	星光大道——和美少年系列展示活动	通过文化周系列活动,展现我校美德教育、创客成果、社团风采、书法艺术等学科、社团、校本课程的优秀成果,激发学生好学、会学的学习热情和阶段性成果分享的愉悦感。
	乐创达美科技节	11月	活动展示	通过丰富多彩的科技教育和科普活动,如:百变机器人、科学小实验、科学小制作、科学创想画等,发展学生的创造能力、综合设计能力和良好的思维品质,进一步传播科技思想,弘扬科学精神,提高我校师生的科技文化素养,打造科技文化浓厚的校园氛围。
少先队节日课程	和美传承毕业季	6月	离校仪式参与体验	通过"离校课程"启动仪式,号召六年级学生向母校承诺完成3个"一":参与毕业典礼活动,帮助一位低年级学生,为母校留下一件纪念品,为学弟学妹捐送一本读过的书并留言勉励。学校邀请中学校长举办如何适应中学生活的讲座,帮助六年级学生克服浮躁情绪,激发对六年校园生活的回忆和对母校的深深留恋,从而加强毕业生的正面影响,使和美少年的正能量得以充分体现和传承。
	和润幼苗入学季	9月	入校仪式参与体验	通过系列活动迎接新生入校,加强课程仪式感。班主任和第二辅导员老师对学生进行"入学第一课",帮助新生熟悉学校环境,适应小学作息,感受南二和美氛围,使其快速适应小学生活。
	尚善尚美建队节	10月	入队仪式、大队委员换届选举活动	通过庄严的少先队礼仪和入队仪式,培育加入少先队组织的光荣感和自豪感。通过大队委员的增补换届选举,为少先队注入新的血液,促进少先队的建设及发展。

129

(二)"和雅节日"课程实施

为保证"和雅节日"课程的有效实施,学校着力做好四个方面工作:

一是精心规划,保障有序。建设方案须目标明晰、评价多样、管理到位。根据低中高段学生年龄特征分段逐步实施。每个节日课程在实施中分别设计具体方案,减少盲目性、随意性。

二是研讨交流,拓宽思路。在专家引领、同伴互助下。课程开发从顶层设计到具体落实,从组内分工到组间合作,从单学科深入到多学科合作,课程实施确立五个着眼点,即选准切入点、明确教育点、找准结合点、创设时间点、拓展合作点。

三是搭建平台,挖掘潜能。我们充分挖掘师生、家长、社会资源,鼓励家长,邀请社区人员来参与学校的课程规划和落实。在传统节庆之际,组织学生、家长、社区人士一起过传统节日。为教师、学生、家长提供课程实施过程中的展示平台。

四是及时总结,物化成果。通过宏观调控节日课程的实施,使育人内容更丰富,富有实效性。增强孩子们的感恩精神,领略传统文化的博大精深。弘扬中华民族的优良传统。感受家园和睦的温馨之情,引导学生对生活无限的热爱和对美好生活的向往。培育积极向上,和雅臻美的新时代好少年。

(三)"和雅节日"课程评价

《关于实施中华优秀传统文化传承发展工程的意见》中明确提出:"实施中国传统节日振兴工程,丰富春节、元宵、清明、端午、七夕、中秋、重阳等传统节日文化内涵。"这对于指导新时期小学生更好地传承和弘扬优秀传统文化起到重大指导意义。评价小学生参与节日课程的效果,重点关注学生的准备阶段、参与阶段、收获反思阶段。其中,家长的主动参与指导对于课程的实施起着重要作用,能够更好地引领学生认同节日课程中,进而亲身体验,自主发展,主动传承。我们根据"和雅节日"的意涵,以评选"最受欢迎的'和雅节日'"为契机设计了如下评价细目量表(见表4-12)。

四、推进"和乐之旅",落实研学旅行课程

研学旅行课程是一种社会性、体验性的课程。我校让学生在研学旅行的过程中,结合历史、人文、自然、科技、工农业、地理特色等,去参与、体验、总结、反思,在文化基础、自主发展、社会参与中不断提升学生核心素养,将研学旅行课程落到实处,让学生

在研学旅行的路上收获和美人生。

表4-12 金水区南阳路第二小学"和雅节日"课程评价表

评价内容 评价项目		传统节日	校本节日	少先队节日	评价等级				
					A	B	C	D	
情感态度	认同喜爱								自我评价
	提出设想								家长 评价
	积极准备								
实施过程	乐于合作								同学 评价
	主动交流								
	亲身参与								
收获反思	整理信息								教师 评价
	汇报宣传								
	主动记录								

（一）"和乐之旅"实施与开发

学校"和乐之旅"课程结合学校实际，遵循开放性、整合性、体验性、生活性原则进行实施与开发。细分为"大自然之美""书香之旅""革命传统教育""走进厚重河南""我的家乡美""科技之旅"六个主题。根据学生年龄特点，我校在低年级段开设"大自然之美""书香之旅"主题，通过学生参观植物园、绿博园等地方感受自然风光之美，培养学生热爱祖国大好河山的胸怀；通过到图书馆等地方，让学生感知语言文字的魅力，从小培养读书的好习惯。在中年级段开设"革命传统教育""走进厚重河南""我的家乡美""科技之旅"四个主题，让学生通过了解家乡历史、中原文化，激发爱我家乡的自豪之情。在高年级段开设"走进厚重河南""我的家乡美""科技之旅""社会发展之美"四个主题，特别是在六年级下学期，我们精心准备了"社会发展之美"主题活动，通过参观工业园区、实地考察城市变化等主题活动，发现工农业发展日新月异的变化，感知社会发展之美。为此，设计制定了"和乐之旅"课程实施细目表，具体内容如下（见表4-13）。

表 4-13　金水区南阳路第二小学"和乐之旅"课程活动安排表

学期 类别	主题	地点	目　　的
一年级上学期	大自然之美	郑州绿博园	激发学生热爱祖国河流山川等景色的情感
一年级下学期	大自然之美	郑州植物园	激发学生热爱祖国河流山川等景色的情感
二年级上学期	书香之旅	河南省青少年图书馆	感受书的魅力、培养读书好习惯
二年级下学期	书香之旅	郑州购书中心	感受书的魅力、培养读书好习惯
三年级上学期	革命传统教育	二七纪念塔	了解家乡的历史、激发对家乡的热爱
三年级下学期	走进厚重河南	河南博物院	通过中原厚重文化,激发文化之美
四年级上学期	我的家乡美	郑东新区	通过新区日新月异变化实地感受家乡之美
四年级下学期	科技之旅	河南省科技馆	感知科学魅力,激发对科学的热爱
五年级上学期	科技之旅	郑州市科技馆	感知科学魅力,激发对科学的热爱
五年级下学期	我的家乡美	黄河名胜游览区	切实感受美就在身边,就在自己的家乡
六年级上学期	走进厚重河南	嵩山少林寺 宇通客车厂	激发对家乡的热爱,增强环保意识
六年级下学期	社会发展之美	"好想你"红枣小镇	通过工农业发展变化,感知社会发展之美

(二)"和乐之旅"课程实施要求

"和乐之旅"课程实施,从课程内容、课程实施、课程评价三个方面关注六个要素。

一是目标明确。课程设计充分考虑课程目标的科学性和实践性原则,注重课程设计的多样性,设计目标明确的课程套餐,为学生的未来发展奠定基础。

二是主题突出。充分以学生发展为本,突出学生的主体性,设计有利于学生体验、探究和实践的课程。

三是组织有力。建立课程开发与实施领导小组,对研学活动进行统一管理。

四是积极参与。发动学生积极参与研学旅行活动,做好舆论宣传和思想动员,在组织研学旅行前,召开学生会议和家长会议等。

五是安全第一。在组织开展研学旅行活动前,针对活动内容对学生进行安全专题教育,完善安全保障措施。制定安全应急预案,要有详细的安全保障措施和安全责任报告制度,把活动中可能发生的安全风险提前告知学生和家长。

六是注重过程。明确分工,细化要求,加强旅行指导培训。

(三)"和乐之旅"的课程评价要求

课程评价标准对于课程评价有很强的指向性,如何确定课程评价标准,需要综合各方面的因素,我校"和乐之旅"课程把形成性评价与终结性评价相结合,定性评价与定量评价相结合,反思评价与鼓励评价相结合,制定课程评价要求。

一是让学生主动参与评价。学生是研学过程的主体,教师邀请学生一起制定评价内容,只有得到学生的认可,课程才能很好地实施。二是多方位评价相结合。充分考虑评价的科学、严谨、公平,采取自评、互评、师评等方式,综合评价研学之旅的目标达成成效。三是加强课程实施过程中评价的灵活性。体验式课程包括认知体验与情感体验。教师要关注课程实施中学生的点滴表现及任务的完成情况,针对任务的性质做出合理而又适切的评价。例如,关于某事物或某历史典故的认知,可采用问答形式。此外,教师可根据学生的各种反馈信息,及时调整评价方式,同时促进学生学会运用评价信息适时适度地调整学习。基于此,学校设计了南阳路第二小学和乐研学之旅课程评价表(见表4-14)。

表4-14 金水区南阳路第二小学和乐研学之旅课程评价表

评价内容		评 价 标 准	评价结果		
			自评	互评	师评
研学态度	学习准备	学习准备充足			
	学习过程	及时记录所见所感			
	合作学习	积极与组内成员合作学习			
	小组交流	与他人交流分享			
	学习收获	学习成果呈现准确			
纪律观念	服从管理	服从组长管理			
	听从指挥	听从老师指挥			
	规范参观	按照安排有序参观			
文明礼仪	乘车	文明乘车			
	参观	文明参观,不大声喧哗			
	礼仪	注重礼仪规范			
	交往	和他人文明交往			
	沿途	有无随意丢弃垃圾			

(续表)

评价内容		评 价 标 准	评价结果		
			自评	互评	师评
团队意识	守时	按时集合、参观、乘车			
	出勤	不无故缺勤			
	组织	团队组织有效的活动			
	交流	小组内进行有效的交流			
	协作	团队内进行有效的协作			
	和谐	营造和谐的团队氛围			
	互助	主动帮助同学			

备注：每项5分。优：4分以上　良：3—4分　待提高：3分以下　满分：100分

五、建设"和悦社团"，落实兴趣爱好课程

"和悦社团"课程是在学校教育理念基础之上，以学生兴趣爱好为出发点，追求学生个性成长和发展，努力营造和谐向上，悦动多样的社团活动文化氛围。学生通过社团活动能够感受美、懂得美、践行美，从而达到与教师、与伙伴、与家长的和睦相处，因和而美，以美促和，悦动成长。

（一）"和悦社团"的实施与发展

尊重学生个性发展，通过对学生进行问卷调查，了解学生心理需求，分析整理得出数据。挖掘整合教育资源及教师特长，开设"语言与交流、自我与社会、科学与探索、逻辑与思维、艺术与健康"五大类社团。发放《致家长的一封信》，明确社团活动课程开设的目的和意义，获得家长的认同和支持，鼓励家长和孩子一起选择喜欢的社团。采取"双轨制"实施社团指导师的聘任程序，由社团学生邀请或学校聘请社团指导师。根据指导师的专业背景与学生的兴趣爱好，邀请专家到校做专业指导和培训，进一步提高指导师的专业水平，有效地激发学生学习热情。

语言与交流类社团，旨在通过听、说、读、写的训练方法培养发展学生学习和运用语言的能力。结合语文、英语等学科特点，开展辩论大赛、影视配音、诵读沙龙、文学讨论等活动。通过长期活动，使学生敢于表达，善于思考。

自我与社会类社团，旨在培养学生辨别是非、善恶、美丑的能力，帮助学生形成有

爱心、乐助人、善分享的高尚品质。成立"爱心互助站""悄悄话心理咨询站""绿色联盟宣传站"，师生共同设计实践活动方案，定期开展同伴互助、爱心义卖、书香漂流、慰问演出等活动。学生通过活动，感受自身的意义，对生活与未来有了更深刻的认识。

科学与探究类社团，旨在通过多种方法与途径，让学生在实践中体验，积累认知世界的经验。从而培养学生的科学态度，学习与同伴互助交流。学生在参与科学与探究活动中，自己提出问题，设计解决问题的方案。自己动手收集各种资料，开展调查与实验。自己整理信息，做出解释或结论，形成研究报告，进行表达与交流。

逻辑与思维类社团，旨在引导学生通过对事物的观察、交流和思考，发展学生的时间、空间观念，培养学生分析和创造及在学习生活中灵活运用知识的能力。在活动中，学生以小组为单位确立研究方向，提出问题，通过多种途径实践、探索、研究，提升学生的自我学习能力，丰富学科知识。

艺术与健康类社团，旨在通过艺术活动，运动锻炼，发展学生的个性特长，培养学生健全的人格，健康的审美情趣和艺术创造力。依托艺术节、体育节等活动比赛，有针对性地创设活动内容。学生掌握技能技巧的同时，形成自己的作品。定期开展成果汇报活动，自信展示，总结提升，具体设置如下（见表4-15）。

表4-15　金水区南阳路第二小学"和悦社团"课程设置表

社团类别	社　团　名　称
语言与交流	青青辩论社、英语趣配音、朗读者社团、萌芽文学社
自我与社会	爱心互助站、悄悄话心理咨询站、绿色联盟宣传站
科学与探索	小小巧手社、豆豆乐社、创想瓶子社、百变织布社、头脑风暴机器人社
逻辑与思维	C电脑世界、玩转魔方社、数学绘本社、创想屋、不可思议三角插社
艺术与健康	晨星启明啦啦操队、舞精灵舞蹈团、小黄莺合唱团、爱乐管乐团、绳彩飞扬队、FIFA足球队、炫彩视觉艺术团、畅想剧团、翰墨飘香书法社

（二）"和悦社团"的评价与奖励

科学全面的评价体系是实现学生主动参与社团活动，达成社团培养目标的重要保证。为使社团组织活动常态化、规范化，以社团管理和团员管理为主要考评指标，设立等级，对各社团给予综合评价。

重视社团指导师能力的培养。围绕安全管理、档案管理、活动管理及场地管理四个方面,采取查看资料、预约指导、座谈沙龙等形式,对指导师进行评价,具体评价项目如下(见表4-16)。

表4-16 金水区南阳路第二小学"和悦社团"指导师评价表

目标	评 价 内 容	评价形式	得分
安全管理	社团活动指导师及时到位。每周活动不少于两次,每次活动不少于一小时。如有特殊情况不能及时到位,需提前向德育处请假,并自行安排代为辅导的老师。10分	预约指导	
	活动安全保障有力,无出现人身事故。10分	期末评估	
档案管理	活动点名及时,记录真实。10分	资料整理	
	活动有学期计划、教案、反思、考核成绩和期末总结。10分	资料整理	
	定期招募团员,做好"人才输送记录",有详实的图文资料。10分	资料整理	
活动管理	活动内容丰富,形式生动,学生满意度高。10分	座谈沙龙	
	积极参加、准备各级比赛,并随时做好新闻宣传报道工作。10分	落实记录	
	每学期在学校至少汇报展示一次,随时做好新闻宣传报道工作。10分	落实记录	
场地管理	内部物品管理有序,无丢失等现象。10分	预约指导	
	活动场地地面干净、桌椅整齐、墙壁无污迹、室内物品无损毁。10分	预约指导	
总分			

基于学生"核心素养"的提高,鼓励社团学生活动时能够自主开展,积极参与,将平时的记录系统完善,采取座谈沙龙的形式对团员的心理及能力进行观察,综合评定团员活动的情况,具体评价如下(见表4-17)。

表4-17 金水区南阳路第二小学"和悦社团"社团团员评价表

评 价 内 容	评价形式	得分
参加社团活动不迟到、不早退,如有特殊情况不能按时出席、需提前离开或不能出席,提前向指导师请假,否则视缺席处理。30分	落实记录	
能遵守纪律,不讲空话,自我管理能力强。20分	座谈沙龙	

评 价 内 容	评价形式	得分
能够积极参加各级各类比赛活动，充分锻炼自己，提高水平。20分	落实记录	
能根据社团指导师的要求提交作业或作品，期末考核成绩优异。20分	期末评估	
总分		

六、打造"和创空间"，落实创客教育课程

每一个学生都是一个独立的个体，是一个精彩生命的存在，都具有其独特的潜能，激发和培养每一个学生的创造力、创新力，建设"和创空间"，落实创客教育课程，是落实学校办学理念，推进学生向着和美出发的重要途径。

（一）"和创空间"的设计与实施

学校组建三个科学社团课程，建设科技文化廊，建设微机教室与科学实验室，在此基础上学校开发"和创空间"课程。

一是组建"和创空间"团队。以创客工作坊、创客教学与培训、创客社团活动、创客沙龙等形式推进"和创空间"建设。以科学教师为主，学校领导及学科主管领导统筹，邀请校外专业人才进行辅导，打造专业教师团队；教师结合学生的实际情况，以全面性与基础性、独特性与创新性为出发点，建设"基础"＋"特色"的学生团队；以促进学生发展为基础，充分挖掘家长及社会资源，组建家长团队，推进"和创空间"开展。

二是开发"和创空间"课程。在学校原有课程的基础上，不断完善社团课程，开发更为丰富多样的和创空间课程。具体设置如下（见表4-18）。

表4-18 金水区南阳路第二小学"和创空间"课程设置表

年级＼课程	乐创绘画	乐探空间	乐享舞台
一年级上学期	我的学校	能工巧匠	动物嘉年华
一年级下学期	美丽家园		植物新世界
二年级上学期	深海奇缘	独出心裁	环保新装
二年级下学期	梦想天空		快乐机器人

(续表)

课程 / 年级	乐创绘画	乐探空间	乐享舞台
三年级上学期	新型交通工具	匠心独运	绚丽的光影
三年级下学期			图形的世界
四年级上学期	22 世纪的家	独具匠心	回到远古
四年级下学期			魔幻家园
五年级上学期	未来城市	别具一格	天空之城
五年级下学期			走进太空
六年级上学期	漫步太空	巧夺天工	未来学校
六年级下学期			生活在 3000 年

三是举办"和创空间"节日。将每年 11 月的第一周定为"和创空间"周,开展"和创空间嘉年华",教师依次按不同主题进行展示交流,具体安排如下(见表 4-19)。

表 4-19　金水区南阳路第二小学"和创空间嘉年华"展示安排表

时间	主题	参与对象	具 体 操 作	备注
周一	创想画	全体学生	科学组绘画、微机组电脑设计并打印进行展示。	
周二	小实验	全体学生	以科学学科特色为主,学生动态展示日常操作的小实验。	
周三	小制作	全体学生	学生发挥想象的创新精神,根据需求制作的小发明或者小制作。	
周四	机器人	社团学生和自主报名	编程制作的机器人作品。	
周五	创想剧	社团学生和自主报名	微机组和科学组整合资源,音效、PPT、服装设计,充分激发学生的创造力和想象力。	

4. 形成"和创空间"文化。以科学课为基础,整合资源,加大文化宣传与普及,通过廊道文化、教室文化、节日文化、研学旅行文化,形成学校独有的和创文化氛围。通过基础课程、社团课程、和创空间嘉年华、和乐之旅中"我爱大自然""科技之旅"等相关实践活动,构建多元化的途径,拓宽和创空间,提高学生综合性运用学科知识的能力,培养学生的创新意识,提高创新能力。

(二)"和创空间"的评价与奖励

以国家素质教育方针为指导,基于学校及教师资源,以促进学生全面发展为根本,从制度考评、课程开发、工作量化三个方面进行多元评价。

第一,建立健全的考评制度。考评制度包括创客空间管理制度、教师与学生的考评制度,工作坊教师教学与培训制度,社团考评制度。健全的考评制度,能全面详实的反映和创空间发展情况,激发教师课程开发的热情和创新能力;有助于学生综合素养的发展,培养创新能力和科学态度。

第二,以学科建设课程开发为契机,鼓励教师进行课题研究,积极申报研究课题。积极参与各级比赛,对成绩突出,教学效果良好的教师进行表彰。

第三,量化教师的工作,纳入绩效考核。统计教师每学期的课时量、任务量、辅导社团等工作量,以工作坊为单位统计记录,然后学校统一标准量化,在学期考核中对教师进行奖励。对于成绩突出的教师、学生、工作坊进行表彰。

七、搭乘"和顺列车",落实专题教育课程

校园专题教育课程是以学生的校园生活为依托,着眼学生发展核心素养的需求,结合现代纪念日和关键时间点而设计的校园文化课程。"和顺列车"系列课程,将专题教育与地方课程结合、与学校特色文化结合、与德育管理结合、与家庭教育结合,带给学生丰富的精神给养。

(一)"和顺列车"专题教育课程的设置与实施

把专题教育寓于德育管理工作中,以爱国教育、环境教育、安全教育、尊师教育、普法教育等专题教育活动落实课程的开展,使之与师生的日常活动、节点活动、养成教育、学科课程结合,让专题教育课程常态化开展。在研究过程中积极整合校内外教育资源,开展各级各类丰富多彩的研究活动。在日月更替、四季变换的"时光列车"中,让学生的健康成长得到更多的仪式感,体验感,获得感,增强学生的责任心和参与度,留下成长的足迹。具体安排如下(见表4-20)

(二)"和顺列车"专题教育的课程评价

对于专题教育课程的评价,重点要关注教师对专题内容及意义的认识,充分开发课程资源,关注学生积极准备,主动参与的态度;关注过程中搜集资料、同伴合作、亲身实践、交流收获的表现。12节列车象征一年12个主题,做到月月有主题,月月有收

表 4-20　金水区南阳路第二小学"和顺列车"专题教育课程主要安排表

时间	主　　题		活动及实施途径
一月	计划主题	新学期,新启航	召开"新学期,新启航"主题晨会 书写新学期计划
二月	安全主题	争做安全小使者	安全监督员排查安全隐患 我是安全小使者(劝阻不安全行为) 安全演练
三月	学雷锋主题	我是小雷锋	"雷锋故事我来讲"故事会 我身边的"小雷锋" "我是小雷锋"社会实践活动
四月	阅读主题	争当阅读小明星	亲子阅读小打卡 好书互换齐分享 经典篇目师生读
五月	环保主题	我是劳动小能手	争做环保小卫士 垃圾分类我宣传 节能减排我先行
六月	收获主题	少年强则国强	亮亮我的成绩 晒晒我的才艺
七月	生活主题	我爱我家	假期我当家
八月	安全主题	安全记心间	安全教育平台 安全常识我知晓
九月	尊师主题	老师,您辛苦了!	出一版敬师黑板报 我为老师敬杯茶 我给老师写封信
十月	爱国主题	祖国妈妈我爱你	向国旗敬礼签名寄语活动 学唱国歌 爱国歌曲合唱比赛 我做升旗手
十一月	科技专题	我是科技小达人	百变机器人 科学小实验 科学小制作 科学创想画
十二月	法制主题	我是小法官	知法小宣传展 学宪法讲宪法 模拟小法庭

获,月月见成长。根据"和顺"的涵意,以评选出一年中"学生最喜爱的'和顺列车'"为契机,设计了以下评价标准(见表4-21)。

表4-21 金水区南阳路第二小学"和顺列车"课程评价标准表

评价指标	评价内容	评价分值 (10分)	实际得分
主题	1. 鲜明、新颖、深刻 2. 具有科学性、实效性、教育性	1	
目标	1. 目标导向明确,时代性强 2. 学生情感认同,主动参与 3. 课内延伸课外,拓展延伸	2	
内容	1. 贴近生活、符合规律 2. 紧扣主题、准确定位 3. 分出层次、突出重点	2	
实施	1. 设计合理,操作性强,能体现综合运用知识的能力 2. 面向全体,关注差异,能注重培养学生的实践能力 3. 贴近生活,亲身实践,能采取多种形式选择活动 4. 适时拓展,体验感悟,能给以学生思考空间的问题 5. 师生互动,参与面广,能体现师生互动的课程理念 6. 注重创新,富有特色,能体现课程的实践性、自主性、综合性、创造性和趣味性	3	
方式	1. 新颖、独特、多样,让学生充分展示自我 2. 关注学生的感悟和体验,注重小组合作能力的培养 3. 能重视活动的群体性,引导学生合作学习 4. 能创造生动、活泼、有效的课堂氛围	2	
总分			

在"和美教育"教育哲学的引领下,学校秉承着"与和同行,与美相遇"的办学理念,希望每一个孩子都能"向着和美出发"。学校的空间和环境、课程和教学、规章和制度建设处处都体现着为师生服务、尊重与关爱师生的意识。它有感情、有温度,令学校全体成员珍爱、认同,并自觉遵照执行。以"和"思想滋润孩子心田,让"美"精神提升孩子境界,让学生在看得见的校园里潜移默化地形成看不见却携带终身的价值观和行为方式。在学校文化蓝图的引领下,在学校课程规划的实施中,培养出具有"真、善、美、新"的南二学子。

(撰稿人：弓书玉 张 曼 任春乐 陈 楠 徐胜利 吴 虹 孙琳丽)

第五章

活动凸显：学校课程发展的姿态

　　"活动"是人类生存与发展的基本形式，在学习过程中，学习者完成学习活动即是对认识需要的获得与对外界环境的改变。所以在活动理论中对于教学范畴而言，"活动"即教与学过程中行为总和，是学生对知识认知与技能发展的总和。课程活动是直接呈现给学生的，更要根据学生的接受能力和学习特点做到尽可能直观。而课程内容的生活化表达，进一步要求课程活动就近取材，结合当时当地的真实事物，以学生日常所见所闻来阐释重要的主题，活动越是贴近生活，学生就更能接受。而课程所蕴含的知识、能力和情感，反过来又会融入学生的生活，触动其心灵，开启其智慧，形成其习惯，塑成其人格，润泽其生命，融教书育人为一体，纳知识与德性为一炉，彰显生命关怀。

小精灵课程：唤醒生命的美好

在活动理论中对于教学范畴而言，"活动"即教与学过程中行为的总和，也是学生对知识认知与技能发展的总和。把"活动"纳入课程体系，使学校课程体系更趋合理，有利于培养目标的落实。根据学生的接受能力和学习特点，以及课程所蕴含的知识、能力和情感，学校就近取材使学生更能接受。在"自由呼吸，鼓舞成长"的办学理念指导下，学校构建了"小精灵课程"体系，通过言课程、智课程、创课程、美课程、健课程、仪课程六大类课程，唤醒孩子们的心灵，开启孩子们生命的旅程，让孩子们拥有美好的人生，成长为明德、乐思、尚美、健体的灵动少年。

郑州市金水区柳林镇第四小学创建于1994年，是一所校风淳朴、治学严谨、开拓进取、蓬勃发展的学校。学校于2019年2月更名为郑州市金水区农科路小学国基校区。学校占地面积10 800平方米，办学规模为24个教学班，各类功能室基本齐全。学校被评为河南省"卓越家长学校"、郑州市"国家学生体质健康标准"先进单位、郑州市"教育现代化学校"、郑州市教育系统"双关爱活动示范学校"、郑州市"三星红领巾示范学校"、郑州市"德育建设先进单位"和郑州市"道德课堂文化形态先进单位"。学校教学质量逐年提升，知名度不断提高，得到家长和社会的认可。

第一部分　学校教育哲学

学校教育哲学是学校课程框架的灵魂，引领着课程模式的构建，贯穿于课程体系形成的过程，对学校课程的发展有"润物细无声"的指导作用。

一、学校教育哲学

基于学校历史文化传承和学生发展需求，确立学校教育哲学即"灵动教育"。"灵动教育"以灵活、智慧、创新为关键词。它触动人的心灵，润泽人的生命，开启人的智慧;融教书育人为一体,纳知识与德性为一炉,彰显生命关怀。

(一)"灵动教育"的提出

随着新课程理念的落实,学校特别强调教师的课堂必须立足学生的视角,尊重学生的价值,要求教师走进学生的心灵,课堂呈现尊重、关爱、民主、和谐的生态环境。课堂要以改善教师的教学生态,改善学生的学习生态,让师生在课堂生活中享受幸福和快乐,提升师生的生命质量和生命境界为宗旨。学校在实践探索中归纳出课堂的"四大板块":创设情境、问题共识、心灵融通;启发引导、方法运用、尊重个性;问题探究、思维互动、结果形成;展示反馈、归纳互评、拓展提升。这"四大板块"构成了柳林四小个性化的教学结构形态,该课堂的核心内涵是"以问题为导向,和学生的心灵相拥"。在反复的实践体验中,因为它灵活创新、触碰心灵,是人性化、心灵化、生命化的课堂文化,我们谓之曰"灵动课堂"。

学校牢固树立品牌意识,把发展特色活动的理念深入全体师生心中,以"鼓韵励志"为办学特色之一,把"以鼓养德、以鼓益智、以鼓审美、以鼓健体"作为特色发展目标。我们编写了《快乐腰鼓》校本读本,开展丰富的实践性活动,校园里时常呈现"千人齐奏""百人表演"的宏大场面,塑造了柳林四小学生们坚韧、智慧、灵活、创新的人格。

基于以上认识,我们把"灵动教育"作为学校的教育哲学。

(二)"灵动教育"的内涵

"灵动教育"基于生命的成长,基于孩子的天性,通过学习与活动,让教育直抵人的内心,唤醒人的灵动意识,培养灵动的思维特性,塑造灵气、活跃的性格品质,孕育灵气和活力,激发灵性与智慧的教育。

"灵动教育"即灵魂被触动的教育,预示着变化、发展、萌生;

"灵动教育"即智慧鲜活的教育,包含着活力、智慧、创新;

"灵动教育"即心灵相拥的教育,实现着师生间精神的相遇,心灵的相拥;

"灵动教育"即激发潜能的教育,以尊重为支点,以鼓舞为杠杆,撬动每个孩子的灵动成长。

基于上述教育哲学,学校确立办学理念为:自由呼吸,鼓舞成长。

由此,我们提出了学校的教育信条:

我们坚信,每一个孩子都是精灵;

我们坚信,灵动的孩子未来将会不可限量;

我们坚信,尊重孩子们的个性是教育最美的图景;

我们坚信,直抵儿童的心灵世界是学校和老师的神圣使命;

我们坚信,让孩子们感受到生命美好是教育的最大价值和情怀。

二、学校课程理念

课程凝聚文化的灵魂,是生命灵性的载体。我们根据"灵动教育"这一教育哲学和学校"自由呼吸,鼓舞成长"的办学理念,确定课程理念为"唤醒生命的美好"。其基本涵义是:

——课程即心灵的唤醒。学校强调教育首先应该是一种爱的呼唤,用爱去唤醒学生自身中自然沉睡的力量,激发学生的兴趣和深埋的无限潜能,促进他们积极主动地学习,实现自我管理,帮助他们发挥其潜能,这样的教育才是人们理想中最好的教育。

——课程即生命的旅程。童年是人生的一段旅程,在这段旅程中,课程会给学生留下难忘的回忆,让学生们汲取到有益于一生的素养,获得生命的力量。我们根据儿童独特的生理、心理特点和成长规律,努力设置富于趣味、开启灵智同时深受学生喜爱的课程。在这段美好的学习旅程中,学生充分体验学习的乐趣,获得知识和信息,激发其对人生价值的追求。

——课程即美好的拥有。教育的对象是有生命、有思想、有个性的活生生的人,我们希望通过学校课程的实施,带给学生们更民主、更自由、更有灵性的教育,使他们深深地受益于教育的滋养,拥有更美好的思想与生命。

基于上述课程理念和追求,我们以核心素养为导向,统整出有逻辑的、立体的、独特的"小精灵课程"体系,这些课程将陪伴着每一位学生,为他们带来向往和期待的、富于灵动和活力的、丰富和多彩的学习生活。

第二部分　学校课程目标

学校课程目标是落实教育价值取向的充分体现,是根据学校教育理念设计的课程应达到的预期效果。

一、学校育人目标

课程是实现育人目标的基石，因此，确立学校课程目标，必须先明确学校育人目标。基于学校的教育哲学与办学理念，确立学校的育人目标为：培养明德、乐思、尚美、健体的灵动少年。

明德：爱国家，懂感恩

乐思：爱学习，善思考

尚美：广兴趣，会审美

健体：爱运动，健身心

二、学校课程目标

学校依据育人目标，把"明德、乐思、尚美、健体"这四个方面进行阶段化、具体化，形成不同年级段的分阶段课程目标（见表5-1）。

表5-1　金水区柳林镇第四小学分阶段课程目标表

育人目标内容 ＼ 课程目标	低年级	中年级	高年级
明德	1. 养成讲文明、懂礼貌的行为习惯。 2. 具有基本的学习、生活自理能力，自己的事情自己做。 3. 学会与他人友好相处。具有一定的安全自护能力。	1. 具有良好的品德行为和文明习惯。 2. 遵守校规校训和社会公德，有自我约束能力。 3. 懂得尊重老师、孝敬长辈，能和谐、融洽地与他人相处。 4. 拥有良好的意志品格和阳光开朗的性格。	1. 拥有社会责任感，具有"五爱"的思想感情和良好的品德。 2. 具有遵守社会公德的意识和文明行为习惯。 3. 懂得为人处事的基本准则。能够帮助别人，愿意为集体服务。 4. 树立正确积极向上的人生观、价值观。
乐思	1. 爱学习，对学习有一定的好奇心。 2. 课堂上能主动思考，发言积极。 3. 初步掌握一些学习方法，对待问题能表达自己的观点。	1. 进一步掌握有效的学习方法，对待学习有一定的学习兴趣。 2. 能注重联系生活实际，会初步将所学知识和技能运用于日常生活。 3. 在学习生活中能提出疑问，并能尝试独立或合作去探究问题的答案，有自己解决问题的方法与策略。	1. 能熟练掌握有效的学习方法，保持浓厚的学习兴趣，积极主动学习，养成良好的学习习惯。 2. 对自己有自信，能独立思考，善于表达自己的感受，有符合逻辑的观点。 3. 能从生活经验出发，形成正确科学的学习方法，有独特个性的解决问题的方法与策略。

（续表）

育人目标 内容 ＼ 课程目标	低年级	中年级	高年级
尚美	1. 初步认识美的结构元素，培养对美的观察力、感受力和判断力。 2. 对艺术产生兴趣，培养爱美的情感和兴趣爱好。	1. 基本掌握各门艺术的基本知识和方法，具有艺术修养。 2. 了解社会美，能分辨是非、善恶、美丑。 3. 培养和发展艺术特长，积极参加各种艺术实践活动，发展创造艺术美的才能和兴趣。	1. 学会分析和评价艺术作品和社会上的美好事物。 2. 培养和提高表现美、创造美的能力，逐步形成审美标准。 3. 追求人生趣味，学会按照美的法则建设生活，以及生活的能力和习惯。
健体	1. 有一定的体育兴趣，乐于参加各种体育课外活动。 2. 能够初步掌握简单的体育技能动作。 3. 养成良好卫生习惯，达到乐观健康的学习状态。	1. 有自己爱好和特长，积极参与各类社团活动。 2. 形成坚持锻炼身体的习惯，养成健康的生活方式，感受参与运动的乐趣。 3. 学会卫生防护技能，以乐观健康的状态生活学习。	1. 养成坚持运动的习惯，保持愉悦的心情，养成开朗大方的性格，提高自信。 2. 形成健康的审美观，促进全面发展。 3. 发扬体育精神，形成积极乐观、坚强自信的生活态度。 4. 掌握一定的卫生保健常识，保持乐观健康的状态投入生活学习。

总之，学校课程目标的制定，既要有助于满足学生全面发展和个性发展的需要，体现学校文化的内在价值，又要满足社会不断进步要求的需要，体现学校教育的特色。

第三部分　学校课程体系

学校根据"灵动教育"的教育哲学，以及"自由呼吸、鼓舞成长"的办学理念，整体建构了学校课程的体系。

一、学校课程逻辑

学校基于教育哲学、课程理念、育人目标，设置了"小精灵课程"体系：言课程（语言与交流类）、智课程（逻辑与思维类）、创课程（科学与探索类）、美课程（艺术与审美类）、健课程（体育与健康类）、仪课程（自我与社会类）六大类课程（见图 5-1）。

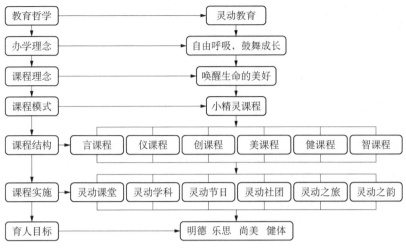

图5-1 金水区柳林镇第四小学"小精灵课程"逻辑示意图

二、学校课程图谱

学校的课程结构分为六类，课程体系结构示意图如下（见图5-2）。

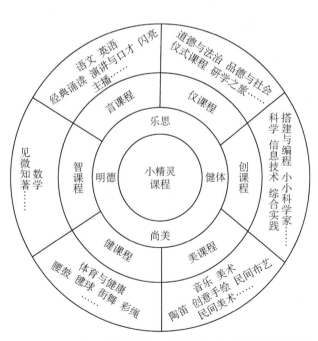

图5-2 金水区柳林镇第四小学"小精灵课程"结构图

三、学校课程设置

根据学校"唤醒生命的美好"的课程理念和学校课程资源,我们按照不同年级水平对课程内容进行系统建构,形成学校"小精灵课程"的具体框架(见表5-2)。

表5-2 金水区柳林镇第四小学"小精灵课程"体系课程设置表

课程＼学期	言课程	仪课程	创课程	美课程	健课程	智课程
一年级上期	语文 趣味识字 三字经 拼音王国 生活赞美圈 古诗童韵(一) 英语 童谣唱吧	道德与法治 礼仪与交际 融校课程 仪式课程 我的动物朋友 灵动节日	科学 趣味搭建 小手工	音乐 陶笛 美术 民间美术	体育与健康 乒乓球 腰鼓 围棋 心之桥	数学 趣数巧填 趣说物体 汽车大分类 见微知著(一)
一年级下期	语文 趣味识字 三字经 拼音王国 生活赞美圈 古诗童韵(一) 英语 童谣唱吧	道德与法治 仪式课程 礼仪与交际 我的动物朋友 灵动节日	科学 趣味搭建 小手工	音乐 美术 陶笛 民间美术	体育与健康 乒乓球 腰鼓 围棋 心之桥	数学 填数游戏 趣说图形 楼房大比拼 见微知著(一)
二年级上期	语文 趣味识字 弟子规 我的小绘本 生活赞美圈 古诗童韵(二) 英语 童谣唱吧	道德与法治 仪式课程 礼仪与交际 我的动物朋友 灵动节日	科学 趣味搭建 小手工	音乐 美术 陶笛 民间美术	体育与健康 乒乓球 街舞 围棋 心之桥	数学 购物小达人 小测量家(一) 我来定"口号" 见微知著(二)
二年级下期	语文 趣味识字 弟子规 我的小绘本 生活赞美圈 古诗童韵(二) 英语 童谣唱吧	道德与法治 仪式课程 礼仪与交际 我的动物朋友 灵动节日	科学 趣味搭建 小手工	音乐 美术 陶笛 民间美术	体育与健康 乒乓球 腰鼓 街舞 心之桥	数学 我是小管家 小测量家(二) 班服我来选 见微知著(二)

（续表）

课程\学期	言课程	仪课程	创课程	美课程	健课程	智课程
三年级上期	语文 巧手妙绘 笠翁对韵 迁想妙得 成语故事 古诗童韵(三) 英语 经典儿歌 书写大比拼 我是小演员 趣味阅读	品德与社会 仪式课程 礼仪与交际 收获滋味 灵动节日	科学 趣味搭建 综实活动 科学家的故事 搭建与编程 百变彩泥 镌刻之美	音乐 美术 陶笛 舞蹈 合唱 国画 民间美术	体育与健康 腰鼓 跳绳 心之桥	数学 农历的奥秘 巧算周长 我做店长(一) 见微知著(三)
三年级下期	语文 巧手妙绘 千家诗 迁想妙得 成语故事 古诗童韵(三) 英语 经典儿歌 书写大比拼 我是小演员 趣味阅读	品德与社会 仪式课程 礼仪与交际 收获滋味 灵动节日	科学 趣味搭建 综实活动 科学家的故事 搭建与编程 百变彩泥 镌刻之美	音乐 美术 陶笛 舞蹈 合唱 国画 民间美术	体育与健康 腰鼓 花样跳绳 心之桥	数学 市斤与千克 妙手绘图 我做店长(二) 见微知著(三)
四年级上期	语文 识文断字 千字文 妙手偶得 绘生妙语 诗词韵美(一) 英语 单词小健将 我是小演员 经典儿歌 快乐阅读	品德与社会 仪式课程 礼仪与交际 拥抱母亲河 灵动节日	科学 综实活动 我的新发现	音乐 美术 陶笛 舞蹈 合唱 国画 民间美术 灵动的指尖	体育与健康 腰鼓 花样跳绳 活力健球 心之桥	数学 妙用运算律 五角俱全 滴水不漏 见微知著(四)

（续表）

课程\学期	言课程	仪课程	创课程	美课程	健课程	智课程
四年级下期	语文 识文断字 韩非子 妙手偶得 绘生妙语 诗词韵美（二） 英语 单词小健将 我是小演员 经典儿歌 快乐阅读	品德与社会 仪式课程 礼仪与交际 拥抱母亲河 灵动节日	科学 综实活动 我的新发现	音乐 美术 陶笛 舞蹈 合唱 国画 民间美术 灵动的指尖	体育与健康 腰鼓 花样跳绳 活力毽球 心之桥	数学 精打细算 行之有道 "数"中学问 见微知著（四）
五年级上期	语文 "趣"字 论语 第一本书 闪亮主播 诗词韵美（二） 英语 主题歌谣 小小翻译家 我是演说家 畅享阅读	品德与社会 仪式课程 礼仪与交际 与科技有约 灵动节日	科学 综实活动 我的探究	音乐 美术 陶笛 舞蹈 国画 民间美术 创意手绘 民间布艺	体育与健康 腰鼓 花样跳绳 活力毽球 心之桥	数学 简美短除 行走"江湖" 规则我来定 见微知著（五）
五年级下期	语文 "趣"字 菜根谭 校园生活 闪亮主播 诗词韵美（二） 英语 主题歌谣 小小翻译家 我是演说家 畅享阅读	品德与社会 仪式课程 礼仪与交际 与科技有约 灵动节日	科学 综实活动 我的探究 话说黄河	音乐 美术 陶笛 舞蹈 民间美术 国画 创意手绘 民间布艺	体育与健康 腰鼓 花样跳绳 活力毽球 心之桥	数学 奇妙算式 巧做妙算 图中有话 见微知著（五）

（续表）

课程 / 学期	言课程	仪课程	创课程	美课程	健课程	智课程
六年级上期	语文 辨音识字 四季古诗 书不尽言 演讲与口才 诗词韵美（三） 英语 主题歌曲 我的小美篇 故事小达人 智慧阅读	品德与社会 仪式课程 礼仪与交际 追溯历史 灵动节日	科学 我的创新梦 话说黄河	音乐 美术 陶笛 民间美术 民间布艺 创意手绘	体育与健康 腰鼓 花样跳绳 活力毽球 心之桥	数学 点金有数 "圆"来如此 图中有理 有理有据 见微知著（六）
六年级下期	语文 辨音识字 传统节日古诗 书不尽言 演讲与口才 诗词韵美（三） 英语 主题歌曲 我的小美篇 故事小达人 智慧阅读	品德与社会 仪式课程 礼仪与交际 追溯历史 灵动节日	科学 我的创新梦 话说黄河	音乐 美术 民间美术 陶笛 民间布艺 创意手绘	体育与健康 腰鼓 健之星 花样跳绳 活力毽球 心之桥	数学 比例人生 立体之美 有理有据 见微知著（六）

学校课程体系的构建是开展教育教学工作的基础,具有决定学校整体发展水平和影响特色创建进程的重要作用。

第四部分　学校课程实施

学校围绕"唤醒生命的美好"课程理念,从"灵动课堂""灵动学科""灵动社团""灵动节日""灵动之旅""灵动之韵"六个方面全方位推进课程实施与评价,致力于培养"明德、乐思、尚美、健体"的灵动少年。

一、建构"灵动课堂",推进学校课程有效实施

"灵动课堂"是在新课程理念引领下的一种高品质课堂形态,着力于学生的发展,以师生学习活动为载体,实现课堂的自主化、生活化、情感化,培养学生包括合作能力、思维能力、创新能力在内的综合能力素质,培育学生灵性,完善学生个性,开启和丰富学生智慧,使学生的灵动与教师的灵动同构共生。

（一）"灵动课堂"的要义

"灵动课堂"是充满智慧和活力的课堂。"灵动课堂"体现五个特点,即心动、活动、灵动、互动、涌动,具体内涵如下:

——教学目标是心动的。课堂立足学生的身心发展规律、经验、情感,激发学生心向往之的学习动力,在一定的问题引领下,使学生在学习过程中充分体验与感知,主动思考问题、解决问题,形成正确的学习方向,从而达到良好的学习目标。

——教学内容是活动的。在丰富课堂教学内容的实践中,不断完善自己的课堂,丰富内容,发展灵性,让每一节课都多姿多彩,让每一位儿童都能收获满满。

——教学方法是灵动的。教学方法的灵动表现为学生的主动探究。教师的主要任务就是为学生的探究创设教学情境。有情境、有探究的课堂,就是灵动的课堂。灵动的"本质"是自由,是内心的自由。灵动的"条件"是空间,摆脱权威和教条。灵动意味变化、求异、包容,有空间就有活动的余地,就有无限的可能,才能谈得上自由。

——教学过程是互动的。教学过程是师生交往、共同发展的互动过程。课堂教学在教师的引领下,师生共同建立学习共同体,共同探讨研究问题,动中现主体,动中增活力,动中显灵气,让课堂充满生命活力。

——教学文化是涌动的。教学文化是一种活动的、关系的、显性与隐形交融的文化,学生在和谐、平等的师生互动中,共享成长的真实体验,促使精神生命的涌动。

"灵动课堂"的基本流程:一是创设情境、问题共识、心灵融通;二是启发引导、方法运用、尊重个性;三是问题探究、思维互动、结果形成;四是展示反馈、归纳互评、拓展提升。

总之,"灵动课堂"是教师主导下,学生主动参与充满活力的课堂;"灵动课堂"是问题引领下,学生自主学习、研究探索的课堂;"灵动课堂"是师生互动下,师生共同构建、灵动和谐的课堂;"灵动课堂"是自由状态下,灵光闪耀生成、趣味横生的课堂。

(二)"灵动课堂"的实施

学校坚持以教育科研为先导,以课例为载体,以"教学活动"为抓手,推进学校"灵动课堂"的有效实施。教导处组织各学科教研组围绕学校"灵动课堂"的核心,进行学习、成长、创新;引导教师们结合课堂实施中存在的问题进行课题立项,进一步开展实践研究。同时,借助"推门课""示范课""研讨课"等,开展多层次的课堂教学活动,提升学校"灵动课堂"品质,促进教师的专业发展。

(三)"灵动课堂"的评价标准

学校依据"灵动课堂"的核心特征和评价意图,从教学设计、课堂实施、教师教学素质等方面设计出"灵动课堂"评价标准(见表5-3)。

表5-3　柳林镇第四小学"灵动课堂"教学评价表

教师姓名			授课时间		班级		评课教师	
学科			课题					评价得分
等级权重 评价内容		优	良	合格		不合格		
		完全达到	基本达到	部分达到		少量达到或未达到		
教学设计 20分	目标心动 (10分)	1. 学习目标紧扣课标和学段要求,体现教材特点,切合学情。 2. 学习目标表述能将"三维目标"有机渗透融合,具体、明确、可操作、可检测。						
	教学内容活动(10分)	1. 结构合理,重难点突出。 2. 设计内容能够引起学生的自主学习,单位时间效率高。						
		20—18分	17—15分	14—12分		11分以下		
课堂实施 70分	方法灵动 自主学习 内化整理 (20分)	1. 课堂上注重问题引领,关注学生自学方法和自学能力的指导,学生在课堂上表现出一定的自学能力,学生学习方式方法多样性。 2. 切实贯彻"以学定教"原则,最大限度地了解学生自学中遇到的问题,善于利用多种途径引导学生解决问题。 3. 教师善于引导、鼓励学生质疑,培养学生的质疑能力。学生在课堂中敢于质疑,并表现出一定的质疑能力。 4. 学习目标问题化,以明确的学习任务作为启动和组织学生学习活动的操作把手,激发学生探究新知的热情。						
		20—18分	17—15分	14—12分		11分以下		
	过程互动 展示交流 (35分)	1. 学生参与展示交流时,态度积极,参与面广,参与度深。 2. 学生在自学和展示的过程中,体现合作、探究、实践、质疑等学习方式;学生能够恰当评价;教师进行适时引导,关注有效生成,问题获得解决。						
		35—30分	29—24分	23—18分		17分以下		

教师姓名		授课时间		班级		评课教师	
学科		课题				评价得分	
等级权重 评价内容		优	良	合格		不合格	
		完全达到	基本达到	部分达到		少量达到或未达到	
课堂 实施 70分	教学文化涌 动练习反馈 （15分）	1. 拓展练习内容体现"层次设计"的要求。 2. 能通过反馈了解学生知识掌握、方法获得的情况。发现问题，采取矫正和弥补措施。					
		15—13分	12—10分	9—7分		6分以下	
	教师教 学素质 10分	1. 语言准确、精练、规范，具有启发性、开放性；教学个性鲜明，课堂应变调控能力强。 2. 教法灵活，注重学法指导，能适时有效地介入课堂。 3. 电子白板、多媒体应用适时、适度、正确、熟练。					
		10—9分	8—7分	6—5分		4分以下	

二、建设"灵动学科"，促进学科课程校本化实施

学校"灵动学科"是在学科课程基础上，开发丰富的延伸课程，形成具有学科特色的学科课程群，既促进学生全面发展、又满足学生个性化发展，实现学科的特色化建设，全面提升课程品质。

（一）"灵动学科"的建设路径

以学科课程为基础，自主研发基于儿童需求、指向核心素养、突出学科特点的拓展延伸课程，构建"灵动学科"课程群。一方面，通过挖掘学科内部或学科之间的逻辑来构建专业的学科课程群；另一方面，基于学校文化和特色发展需要渗透多门学科开发课程，打造特色学科课程群。

1."灵真语文"课程群

学校依据《义务教育语文课程标准（2011年版）》，依托学情，从"灵真识写""灵真阅读""灵真创作""灵真口语""灵真体验"等五个方面建构"灵真语文"课程群。除基础课程外，具体课程设置如下（见表5-4）。

2."灵慧数学"课程群

学校结合校情、学情，依据《义务教育数学课程标准（2011年版）》，从"数与代数""图形与几何""统计与概率""综合与实践"四方面构建"灵慧数学"课程群。除基础课

程外,具体课程设置如下(见表5-5)。

表5-4　金水区柳林镇第四小学"灵真语文"课程设置表

课程内容＼学期	灵真识字	灵真阅读	灵真创作	灵真口语	灵真体验
一年级上学期	趣味识字	三字经	拼音王国	生活赞美圈	古诗童韵
一年级下学期	趣味识字	三字经	拼音王国	生活赞美圈	古诗童韵
二年级上学期	趣味识字	弟子规	我的小绘本	童话故事	古诗童韵
二年级下学期	趣味识字	弟子规	我的小绘本	童话故事	古诗童韵
三年级上学期	巧手妙笔	笠翁对韵	迁想妙得	成语故事	古诗童韵
三年级下学期	巧手妙笔	千家诗	迁想妙得	成语故事	古诗童韵
四年级上学期	识文断字	千字文	妙手偶得	绘生妙语	诗词韵美
四年级下学期	识文断字	韩非子	妙手偶得	绘生妙语	诗词韵美
五年级上学期	"趣"字	论语	第一本书	闪亮主播	诗词韵美
五年级下学期	"趣"字	菜根谭	校园生活	闪亮主播	诗词韵美
六年级上学期	辨音识字	四季古诗	书不尽言	演讲与口才	诗词韵美
六年级下学期	辨音识字	节日古诗	书不尽言	演讲与口才	诗词韵美

表5-5　金水区柳林镇第四小学"灵慧数学"课程设置表

课程＼学期	灵慧数算（数与代数）	灵慧图形（图形与几何）	灵慧数据（统计与概率）	灵慧应用（综合与实践）
一年级上学期	趣数巧填	趣说物体	汽车大分类	见微知著（一）
一年级下学期	填数游戏	趣说图形	楼房大比拼	见微知著（一）
二年级上学期	购物小达人	小测量家（一）	我来定"口号"	见微知著（二）
二年级下学期	我是小管家	小测量家（二）	班服我来选	见微知著（二）
三年级上学期	农历的奥秘	巧算周长	我做"店长"（一）	见微知著（三）
三年级下学期	市斤与千克	妙手绘图	我做"店长"（二）	见微知著（三）
四年级上学期	妙用运算律	五角俱全	滴水不漏	见微知著（四）
四年级下学期	精打细算	行之有道	"数"中学问	见微知著（四）
五年级上学期	简美短除	行走"江湖"	规则我来定	见微知著（五）
五年级下学期	奇妙算式	巧做妙算	图中有话	见微知著（五）
六年级上学期	点金有数	"圆"来如此	图中有理	见微知著（六）
六年级下学期	比例人生	立体之美	有理有据	见微知著（六）

3. "悦享英语"课程群

学校依据《义务教育英语课程标准(2011 年版)》,结合英语学科知识及学生的学情,从"悦享欢唱""悦享抒写""悦享绘演""悦享畅读"四个方面建构"悦享英语"课程群。除基础课程外,具体课程设置如下(见表 5-6)。

表 5-6　金水区柳林镇第四小学"悦享英语"课程设置表

学期＼课程	悦享欢唱	悦享抒写	悦享绘演	悦享畅读
一年级上学期	童谣唱吧	/	/	/
一年级下学期	童谣唱吧	/	/	/
二年级上学期	童谣唱吧	/	/	/
二年级下学期	童谣唱吧	/	/	/
三年级上学期	经典儿歌	书写大比拼	我是小演员	趣味阅读
三年级下学期	经典儿歌	书写大比拼	我是小演员	趣味阅读
四年级上学期	经典儿歌	单词小将军	我是小演员	快乐阅读
四年级下学期	经典儿歌	单词小将军	我是小演员	快乐阅读
五年级上学期	主题歌谣	小小翻译家	我是演说家	畅享阅读
五年级下学期	主题歌谣	小小翻译家	我是演说家	畅享阅读
六年级上学期	主题歌曲	我的小美篇	故事小达人	智慧阅读
六年级下学期	主题歌曲	我的小美篇	故事小达人	智慧阅读

4. "慧美美术"课程群

"慧美美术"课程除基础课程外,以"动手做""动手画"为突破口,从学生实际出发,针对不同年龄层次学生的发展需要,围绕"民间布艺"和"民间美术"等系列构建课程,让学生感受艺术的魅力,收获审美智慧。具体课程设置如下(见表 5-7)。

表 5-7　金水区柳林镇第四小学"慧美美术"课程设置表

学期＼课程	欣赏评述	设计应用	造型表现	综合探索
一年级上学期	走近泥咕咕	设计泥咕咕	创作泥咕咕	找寻泥咕咕
一年级下学期	走近泥泥狗	设计泥泥狗	创作泥泥狗	找寻泥泥狗

（续表）

课程 学期	欣赏评述	设计应用	造型表现	综合探索
二年级上学期	走近面花	设计面花	创作面花	找寻面花
二年级下学期	走近神奇的麦秆画	设计神奇的麦秆画	创作神奇的麦秆画	找寻神奇的麦秆画
三年级上学期	走近灯笼张	设计灯笼张 国画	创作灯笼张	找寻灯笼张
三年级下学期	走近剪纸	设计剪纸 国画	创作剪纸	找寻剪纸
四年级上学期	走近皮影	设计皮影 国画 刺绣	创作皮影	找寻皮影
四年级下学期	走近农民画	设计农民画 国画 刺绣	创作农民画	找寻农民画
五年级上学期	走近木板年画	设计木板年画	创作木板年画	找寻木板年画
五年级下学期	走近澄泥砚	设计澄泥砚 民间布艺 布语彩绘	创作澄泥砚	找寻澄泥砚
六年级上学期	走近布老虎	设计布老虎 民间布艺 布语彩绘	创作布老虎	找寻布老虎
六年级下学期	走近汴绣	设计汴绣 民间布艺 布语彩绘	创作汴绣	找寻汴绣

5.“乐享音乐”课程群

音乐学科除基础课程外，从学生实际出发，针对不同年龄层次学生的发展需要，以“音乐素养”为突破口，围绕“感受与欣赏”“表现”“创造”“音乐与相关文化”四个领域让学生感受艺术的魅力，设置“乐享音乐”课程群（见表5-8）。

表5-8　金水区柳林镇第四小学“乐享音乐”课程设置表

课程 学期	感受与欣赏	表现	创造	音乐文化
一年级上学期	岁月童谣（上）	平稳的音符（上）　陶笛	小小乐手（上）	冰雪奇缘
一年级下学期	岁月童谣（下）	平稳的音符（下）　陶笛	小小乐手（下）	狮子王

(续表)

课程\学期	感受与欣赏	表现	创造	音乐文化
二年级上学期	祖国颂歌(上)	别停下音符(上)　陶笛	紧锣密鼓(上)	天空之城
二年级下学期	祖国颂歌(下)	别停下音符(下)　陶笛	紧锣密鼓(下)	龙猫
三年级上学期	璀璨民歌(上)	跳跃的音符(上)　陶笛舞蹈	弹丝品竹(上)	音乐之声(上)
三年级下学期	璀璨民歌(下)	跳跃的音符(下)　陶笛舞蹈	弹丝品竹(下)	音乐之声(下)
四年级上学期	军民情歌(上)	特别的音符(上)　陶笛合唱	丝竹八音(上)	放牛班的春天
四年级下学期	军民情歌(下)	特别的音符(下)　陶笛合唱	丝竹八音(下)	歌舞青春
五年级上学期	人间真情(上)	有趣的音符(上)　陶笛合唱	丝竹管弦(上)	歌剧魅影(上)
五年级下学期	人间真情(下)	有趣的音符(下)　陶笛合唱	丝竹管弦(下)	歌剧魅影(下)
六年级上学期	美好展望(上)	七彩音符(上)　陶笛	正声雅音(上)	猫(上)
六年级下学期	美好展望(下)	七彩音符(下)　陶笛	正声雅音(下)	猫(下)

6. "灵跃体育"课程群

体育学科以激发学生运动兴趣,培养学生终身体育意识为立足点,重视学生主体地位,关注个体差异与不同需求,学校依据《义务教育体育与健康课程标准(2011年版)》、学情和校情,从运动与参与、运动与技能、身体健康、心理健康与社会适应等方面构建"灵跃体育"课程群。除基础课程外,具体课程设置如下(见表5-9)。

表5-9　金水区柳林镇第四小学"灵跃体育"课程设置表

课程\学期	爱运动	善技能	悦健康	乐适应
一年级上学期	百变赛跑	腰鼓　飞跃乒乓　扫雷大战	同手同脚	形体训练
一年级下学期	快乐追逐赛	腰鼓　飞跃乒乓　兔子跳	模仿秀	形体训练
二年级上学期	动物模仿秀	腰鼓　飞跃乒乓　魅力街舞　舞动青春	篮球之舞	原始部落
二年级下学期	动感啦啦操	腰鼓　飞跃乒乓　魅力街舞　真人CS	小小搬运工	原始部落
三年级上学期	趣味跑	腰鼓　绳彩飞扬　速度阶梯跑	短跑跨栏往返接力	运动损伤的预防
三年级下学期	趣味跳	腰鼓　绳彩飞扬　撑杆跳远	十字跳接力	运动损伤的处理
四年级上学期	趣味运动会	腰鼓　活力键球　花样跳绳	健康科普	拓展训练营

(续表)

课程\学期	爱运动	善技能			悦健康	乐适应
四年级下学期	趣味运动会	腰鼓	活力毽球	攀爬高手	解读身体	拓展训练营
五年级上学期	趣味接力	腰鼓	快乐足球	三跨两步	负重前行	化险为夷
五年级下学期	你追我赶	腰鼓	快乐足球	乒乒乓乓	你画我猜	动之以理
六年级上学期	校园定向	腰鼓	篮球	毽舞飞扬	塑形训练营	棒球小子
六年级下学期	定向越野	腰鼓	篮球	毽舞飞扬	健康之窗	小小教练员

（二）"灵动学科"的评价

为了确保品质课程的有效开展,学校主要从课程、教师、学生三方面对"灵动学科"进行评价。

一是对课程的评价。首先评价学科方案的适切度,结合学校"小精灵课程"体系的目标,对课程的功能、作用等价值进行综合性审视,构建独具特色的评价体系,采用多种类型和多样的方式,既有量化评价与质性评价,又有内部评价与外部评价,强调多主体评价,有学生评价、家长评价、专家评价、督导评价等。其次,评价学科课程的丰富度,主要从学科教师开发的课程的广度和深度,以及是否满足学生个性发展的情况。再次,评价学科课程的学生参与度,根据学生参与度对课程进行适时的调整和取舍。

二是对学生评价。学校结合《郑州市教育质量健康体检项目》提出的"绿色评价指标",以关注学生健康成长为核心价值追求,推进学生学业质量评价。同时,根据各学科课程标准,采用多样的、开放式的评价方式,如通过笔试、实验操作、设计、实践问题解决、作品展示、学生成长记录等方式进行评价,使他们对自己的学习过程进行回顾和反思,让评价成为他们学习经历的一部分,促进每个学生的进步。

三是对教师评价。学校设置合适的教学评价体系,从教师教学的准备情况、教学材料的使用情况、课堂教学活动情况、学生成绩及发展的情况等方面评价。其次,对教研组的教研活动的活跃程度进行评价,教研活动的次数、教师参与的热情、教师的质疑精神和问题的解决情况。

三、创设"灵动节日",推进校园文化课程的实施

学校为了满足学生的学习需求,依据国家法定节日和传统节日,以及学校的实际

情况,设置"灵动节日"校园文化课程,让学生在活动中丰富经历,增长见识。

(一)"灵动节日"课程的设计与实施

"生活即教育",节日活动中隐藏着丰富的道德教育资源,有它的历史渊源、美妙传说、独特情趣。因此,节日生活对学生的成长带来较大的影响。为加强节日文化对学生的教育和熏陶,学校开展了传统节日、校园节日、纪念性节日课程。我校的"灵动节日"课程的具体活动安排如下(见表5-10、表5-11、表5-12)。

表5-10　金水区柳林镇第四小学传统节日课程设置表

时间	节日	主题
一月	春节	浓浓春节情
二月	元宵节	甜甜元宵情
四月	清明节	清明寄相思
五月	端午节	粽粽情深
八月	中秋节	中秋话团圆
九月	重阳节	浓情重阳

表5-11　金水区柳林镇第四小学校园节日课程设置表

时间	节日	主题
五月份	体育节	我健康我快乐
六月份	艺术节	缤纷童年
十一月份	创客节	科技小达人
十二月份	读书节	书香润心

表5-12　金水区柳林镇第四小学纪念性节日课程设置表

时间	节日	主题
三月份	雷锋月	争做雷锋式的好少年
五月份	母亲节	感恩母亲　母爱永恒
六月份	儿童节	欢庆六一　展我风采
九月份	教师节	感恩教师　节日快乐
十月份	国庆节	快乐国庆节

（二）"灵动节日"的评价要求

学校"灵动节日"活动形式多样，教育内容丰富多彩，每个活动引导学生开展三个一活动：开展一次调查、共同拟定一个节日活动方案、开展一次节日活动。活动中，大力挖掘学生的潜力，鼓励学生积极参与，通过直接体验、感受、参与，获得直观的印象和更加深刻的领悟。"灵动节日"活动评价如下（见表 5-13）。

表 5-13　金水区柳林镇第四小学"灵动节日"活动评价表

评价项目	评 价 内 容	分值	学生自评	同学互评
活动目标	教育目标明确、清晰，充分体现情感、态度、价值观和行为的统一。	20分		
活动内容	坚持"贴近实际、贴近生活"的原则，根据学生的生活实际和发展需要确定内容，引导学生热爱生活、参与社会的具体活动内容，增强活动内容的现实性和亲近感。	20分		
活动过程	整个过程贯穿活动，在情境中参与活动，在活动过程中得到体验和感悟，增强活动的有效性。	20分		
学生参与与行为	学生充分发挥主体作用，成为活动的设计者、组织、参与者；乐于参与、自主体验、有所感悟、从中受益；能够提出问题，思维活跃，畅所欲言，善于发表见解，能尝试用不同的方法进行探究活动。	20分		
教育效果	活动圆满完成，目标达成度高，学生通过活动得到真切丰富的情感体验，形成积极的生活态度，养成良好的行为习惯，确立正确的思想观念和道德价值取向。	20分		

四、建设"灵动社团"，推进兴趣爱好课程的全面实施

学校为更好地落实"自由呼吸、鼓舞成长"的办学理念，组织师生成立多个以丰富学生校园生活为目的，提升学生思想情操为宗旨，增进校内师生情感交流为倡导，学生自愿参加为原则的灵动社团，让学生充分享受到生命成长的快乐。

（一）"灵动社团"课程设计与实施

学生是涌动着无限活力的生命体，是教育的起点和归宿，把个体生命发展的主动权还给学生，是学校"灵动社团"开设的首要原则。为了更好地促进学生的个性发展，学校开设了丰富的"灵动社团"课程（见表 5-14）。

表 5-14　金水区柳林镇第四小学"灵动社团"的课程设置表

课程类别	社 团 名 称
言课程	播音主持社团　趣味数学社团　书法社团　演讲口才社团　心语社团　口语俱乐部社团
创课程	搭建与编程社团
健课程	"绳彩飞扬"社团　"小精灵"舞蹈社团　围棋社团　乒乓球社团　街舞社团　"灵动腰鼓"社团　毽球社团
美课程	"灵音陶笛"社团　"水墨心"社团　创意手绘社团　民间布艺社团　"灵巧剪艺"社团　"灵美金丝彩砂"社团　"蓓蕾"合唱社团

(二)"灵动社团"的评价

"灵动社团"活动类型丰富,体现实践性和综合性,有利于培养和锻炼学生多方面的素质。评价从社团内部管理、社团活动情况、社团档案建设、社团获奖情况四个方面进行。

社团内部管理要求组织机构健全,管理体制完善,有规范的规章制度,指导老师认真负责,活动能体现学生的主体性。社团活动应按计划开展,活动形式多样,内容丰富,活动成果显著。社团活动档案整理齐全、规范。并结合社团组织的活动、项目在各比赛评比中获奖的情况进行综合评价。

五、做活"灵动之旅",推进研学课程的活跃实施

学校根据年龄特点和学科需要,组织学生集体参加有组织、有计划、有目的的校外参观实践活动,通过活动使学生感受不同的自然和人文环境,提升生活实践能力,使学生陶冶情操、增长见识、丰富知识。

(一)"灵动之旅"课程设计与实施

当今社会是多元化学习路径的时代,学习方式与内容不仅在课堂,也可以在课外,研学之旅是学生喜欢,也是滋润学生心灵,放飞学生天性的有效途径。学校根据学生年龄特点及周边教育资源,设置出"灵动之旅"课程(见表 5-15)。

(二)"灵动之旅"的评价

"灵动之旅"是学校教育和校外教育衔接的创新形式,是教育教学的重要内容,是综合育人的有效途径,促使学生开阔眼界、增长知识、陶冶情操。学生在外出时,通过观察和实践,有效地将书本知识和生活实践相融合。

表 5-15 金水区柳林镇第四小学"灵动之旅"的课程设计表

年级	课程主题	课程地点
一年级上学期	我的动物朋友	动物园
一年级下学期	我的动物朋友	国家地质公园
二年级上学期	我的植物朋友	黄河湿地公园
二年级下学期	我的植物朋友	花卉市场
三年级上学期	收获滋味	黄河农庄
三年级下学期	收获滋味	花花牛工厂
四年级上学期	拥抱母亲河	黄河风景区
四年级下学期	拥抱母亲河	黄河博物馆
五年级上学期	与科技有约	郑州科技馆
五年级下学期	与科技有约	自然博物馆
六年级上学期	追溯历史	仰韶文化遗址
六年级下学期	追溯历史	河南省博物院

评价方式分为组内自评、组内互评、教师总评等三个方面。组内自评要求学生结合自己在研学旅行中的表现和评价标准,用一段话、一幅图评价自己的游学经历。组内互评要求小组长根据组员在游学中的表现,结合老师给出的评价标准给组员评分。教师全程参与,着重评价学生的注意力、纪律性、团队意识、游学过程中的表现,并结合被评分小组的综合情况进行总评,完成学生的研学旅行的学期评定。

六、聚焦"灵动之韵",推进特色课程的整合

学校立足培养"明德、乐思、尚美、健体"的灵动少年为育人目标,研发了四门特色课程,分别是礼仪课程、阅读课程、陶笛课程、腰鼓课程。这四门课程贯穿一至六年级,是学校多年打造的品牌课程。

(一)"灵动之韵"课程的设计与实施

学校以学生和谐发展和学校特色为出发点,分别构建"礼仪""阅读""陶笛""腰鼓"课程开发团队,完善课程体系,结合管理模式,实施课程的开发和实践。

"礼仪"特色课程是学校专门为一、二年级小学生量身打造的礼仪内容,以"个人礼仪、校园礼仪、家庭礼仪"等内容为重点,重在培养学生养成良好的文明习惯,让学生掌握基本的礼仪规范,在学习、生活中培养优雅的风度和良好的交际能力。

"腰鼓""陶笛"走进学校的课堂,腰鼓进入体育课堂,陶笛进入音乐课堂,同时也进入学校的社团、大课间,让学生彰显个性,多元发展,为学校的特色课程锦上添花。

学校通过每日晨诵、午读、年级共读、亲子阅读、阅读指导课等形式开展阅精灵工程。

学校每年举办腰鼓节、陶笛节、读书节等,助推学校特色发展,使每个孩子的个性都得到了张扬。

(二)"灵动之韵"课程评价要求

学校"灵动之韵"课程,目的就是保持学校文化的传承和特色。学校根据学生年龄特点和"灵动之韵"特色内容,以礼仪、阅读、陶笛、腰鼓为顺序逐个完成徽章,按照评价标准来进行过程性评价,按照目标达成情况颁发徽章,二年级重点完成"礼仪"徽章,四年级重点完成"阅读"徽章,五年级重点完成"陶笛"徽章,六年级重点完成"腰鼓"徽章,待合格者可在一定期限内复评,对学生评价坚持公平公正、正向引导、肯定学生的优点和特长。

学校通过深化奖章内涵、拓展奖章外延、提升奖章质量、打造奖章品牌、优化奖章考核等途径和形式,促使奖章课程更具生命力、吸引力和活力,从而让学生不断为自己确立新的目标,发现和发挥自己的潜能,看到自己的成长,证明自己的成功。

金水区柳林镇第四小学秉持"灵动教育"哲学,以提高学生核心素养为根本追求,以内外兼修为发展思路,依托"小精灵课程"体系,通过价值引领、组织建设、队伍保障等系列措施,实现"唤醒生命的美好"的课程理念,培养"明德、乐思、尚美、健体"的灵动少年。

(撰稿人:张丽娟　李淑玲　史明辉　郭岩岩　时雅红)

第六章

面向未来：学校课程发展的追求

    社会在飞速发展，时代在不断进步，我们的教育归宿是什么？未来的教育何去何从？陈鹤琴先生的"活教育"思想认为教育所要达成的最终目的是"做现代的中国人"，因此学校应始终坚持以发展的眼光看教育，既要有现实意义，也要具有面向未来的学习、社会适应及终身发展的眼光，培养未来人才，帮助学生修炼卓越的品性、能力和素养，使其能够自信立足于将来的社会。做好现在，未来已来。学校要思考和处理课程开发中的课程内容选择与组织问题，切实做到知识、社会和学生三者兼顾，为学生的明天做好准备。课程是筑梦的过程，架起理想的桥梁，拉近现实与未来的距离，课程为孩子们打开认识世界的大门，带孩子们经历美好幸福的学习之旅，助力每一个孩子成为追梦的人。

梦之 π 课程：向着梦想出发

课程是筑梦的过程，带领孩子经历美好幸福的学习之旅，助力每一个孩子成为追梦人。在教育哲学"梦教育"的引领下，学校秉承"助力梦想，出彩未来"的办学理念，以"融"为办学策略，以"做好现在，未来已来"为校训，以课程理念"向着梦想出发"为指导，建构了"梦之 π"课程模式，把"梦课堂""梦学科""梦之队""梦之旅""梦之声"作为实现育人目标路径来落实课程，努力培养"有爱有梦、有智有趣"的未来少年。

郑州市金水区未来小学是由金水区政府投资建设的一所公立学校，于 2016 年秋季正式投入使用，位于玉凤路与商城路交叉口东北角，处在金水区、管城区、郑东新区的交界之地，古老而美丽的熊耳河从校门前缓缓流过，河上大大小小形态各异的桥梁就有 42 座之多，每一个时代，每一座桥梁，都有着美丽的传说、动人的故事。郑州被誉为"商城"由来已久，学校门前的商城路见证着郑州的一路发展，古老的商城，前进的郑州，也会微笑着注视着未来小学的发展。学校占地 8472.54 平方米，新建教学办公综合楼建筑面积为 9591.23 平方米，拥有 160 米环形跑道、足球及篮球运动场地，配置了标准化的功能室。学校拥有一支充满生机和活力的教师队伍，崭新的未来小学在师生的共同努力下，环境宜人，校风醇正，赢得了很高的社会声誉。

第一部分　学校课程哲学

一、学校教育哲学

学校教育哲学是学校办学的灵魂与核心，是制定与实施学校课程规划的"圭臬"。学校的教育哲学是"梦教育"。我们所认知的梦想是：敢于有梦、勇于追梦、勤于圆梦。由此，学校把"梦教育"内展外延为：

——"梦教育"是唤醒的教育。教育就是要唤醒学生的人生追求、成长力量、生活经历、内在自觉、生命内力……从此视角看，"梦教育"强调的是人的成长和发展，强调人的尊严、价值、创造力和自我实现，这是人本主义思想的体现，是学校的教育价值思想立场。

——"梦教育"是助力的教育。教育不是要改变一个人，而是要帮助一个人获得实现梦想的机会和权利。"梦教育"是通过教育的力量帮助儿童播梦、逐梦、圆梦的事业，这是"梦教育"的一种使命。

——"梦教育"是信仰的教育。这里的信仰是相信人生应该有追求，有理想和目标。对于儿童的信仰，重在培养规划意识，习得良好的行为品质，为自己的人生不同阶段树目标，明方向，并为之努力。此视角的"梦教育"，是让未来小学校园里的每一个人，形成一种坚定的信念：人一定要有梦想，一定要积极进取，且通过热爱、坚持、创意和努力就有可能实现梦想。这是"梦教育"的一种愿景。

基于此，学校将办学理念确定为：助力梦想，出彩未来。学校认为，每一个孩子幼小的心灵里都有一个大大的梦想，每一个梦想都值得被尊重，每一个梦想都是美好的未来。学校将办学策略确立为：融。梦想的实现需要以"融"为策略，融资源、融智慧、融古今、融科技、融审美……以"融"助力梦想。

我们的教育信条：

我们坚信，梦是通往未来的金光大道；

我们坚信，教育是播梦、逐梦、圆梦的旅程；

我们坚信，学校是点亮梦之灯、照亮前行路的地方；

我们坚信，每个孩子都是怀揣梦想、逐梦未来的小精灵；

我们坚信，每位教师都是助力梦想、点化未来的魔法大师。

二、学校课程理念

课程是激励、唤醒、鼓舞每个孩子梦想抵达的路径；课程为孩子成长提供水分、养料和环境；课程是孩子找到优势，体验成功乐趣，追逐梦想的土壤。课程建设为孩子梦想赋能。因此，学校的课程理念为：向着梦想出发。

——课程即未来的追寻。课程是教育状态的美好追寻。追寻意味着努力、创造、拓展与自由，这是课程建设的遵循。努力做好现在，就会有更多的机会实现梦想，就会有美好的未来；创造是人的本质属性和内在需求，是学生个性发展的动力；自由和拓展是学生个性发展的引力。重构的课程,开放的教学和空间,能营造宽松的环境,能给予学生学习的自由、思考的自由、表达的自由,符合学生自身爱好与需要的课程是我们美好的追寻。

——课程即内在的体验。课程是追寻梦想的个性体验。斯宾塞说过:"个性是一个人的最大的需要和最大的保障。"[①]学校的课程主张:课程应依据孩子的爱好和需要,在体验中激扬个性,让每个鲜活的生命在课程中找到真实的自我、个性的自我;找到适合自己、发展自己的课程;透过课程获得快乐,赢得尊重,看到未来的自己。

——课程即生命的旅程。课程是生命成长的智慧旅程。杜威认为,"儿童心理活动的基本内容就是以本能活动为核心的心理机能不断发展和生长的过程,教育就是起促进本能生长的作用"。[②]学校教育的价值,它的标准,就看它创造继续生长的愿望到什么程度,看它为实现这种愿望提供方法到什么程度。课程应注重培养学生道德、人性的思维方式,做人做事积极的态度,对事情持久的兴趣,主动发现问题、提出问题、探求知识的能力,让课程成为师生共同成长的智慧旅程。

——课程即当下的超越。课程是挑战未来的教育阵场。教育是一项对接未来的事业。未来教育聚焦"中国学生发展核心素养",学生的发展是多维度、多层次的,学校课程须将教育的重点放在这些维度和层次中最重要的部分——"培养学生能够适应终身发展和社会需要的核心素养,促进学生的全面发展和未来发展"。[③]面对未来,学校应该站在"未来"的制高点,追求新一代生命的成长、生命价值的提升。

第二部分　学校课程目标

依据学校育人目标,我们确定了学校课程目标。

---

① 约翰.杜威.民主主义与教育[M].北京:人民教育出版社.1984年.pp.45—57.

② 赫伯特.斯宾塞.教育论[M].北京:人民教育出版社.2005年.p.85.

③ 核心素养研究课题组.中国学生发展核心素养[J].中国教育学刊,2016(10).

一、学校育人目标

学校致力于培养"有爱有梦、有智有趣"的未来少年。

——有爱：爱家国，爱社会，做真人；

——有梦：有梦想，乐体验，笃知行；

——有智：善学习，会思考，厚底蕴；

——有趣：享艺术，健身心，懂生活。

二、学校课程目标

为了进一步细化和落实育人目标，学校制定了低中高年级段详细的课程目标（见表 6-1）。

表 6-1　金水区未来小学课程目标表

育人目标 ＼ 课程目标		低段	中段	高段
有爱	爱家国 爱社会 做真人	具有良好的学习习惯和行为习惯；做到自己的事情自己做；做到爱自己、爱他人、热爱班集体、热爱大自然。	懂得基本的做人道理，遵守规则；有感恩之心，有对自己、对班级、对家人、对学校的责任心，并产生情感。	有强烈的社会责任感，具有诚实、守信的品格；具有爱家乡、爱社会、爱家国的情感。
有梦	有梦想 乐体验 笃知行	通过多种实践体验，知道有自己喜欢做的事情，心里有梦想，并愿意为之去学习，去努力。	积极参与多种体验，能对自己喜欢事情拥有兴趣，并坚持去学习、行动。	有远大理想和目标，有持之以恒的精神，坚持做自己喜欢的事情，并有为之努力的决心和勇气。
有智	善学习 会思考 厚底蕴	善于观察身边事物，有较丰富的想象力，有强烈的好奇心，乐于质疑，乐于动手，乐于创造；热爱学习，基本养成听说读写的良好习惯；能提出"为什么"，并能尝试去探究问题；能主动学习，对问题有自己的看法。	有旺盛的求知欲和创造欲，能说出想法；有一定的动手和创造能力；有浓厚的学习和阅读兴趣，努力养成听说读写的良好习惯；善于提出问题并主动去探究；能独立思考并找到方法；能完整表达自己的感受。	具有思维力，能专注于某个问题，有自己创新性的作品；有一定文化底蕴，对学习保有兴趣，具有听说读写的习惯；学习积极主动，探究意识强，能清晰完整地表达内心感受。
有趣	健身心 懂生活 享艺术	积极参加体育活动，掌握简单的体育技术动作；有一定的运动爱好，积极锻炼身体，感受到运动带来的乐趣；热爱艺术，喜欢唱歌、舞蹈、画画、器乐等活动，积极参与学习，感受艺术活动给自己带来的愉悦情绪，陶冶审美情操，增强生活情趣。	掌握稍有难度的体育技术动作，初步养成坚持锻炼身体的习惯；有热爱运动的兴趣和爱好，形成积极进取、乐观向上的生活态度；对艺术有较浓厚的兴趣，能欣赏名家作品，感悟经典，具有初步的欣赏能力，获得生活情趣。	能积极参加体育活动，养成坚持锻炼身体的习惯；身体动作协调，有良好的身体素质，有一项体育特长；热爱艺术，有自己擅长的艺术特长，有对艺术的追求和对美好生活的向往，有乐观的生活态度和健康的心理。

第三部分 学校课程体系

学校遵循"助力梦想,出彩未来"的办学理念,在"向着梦想出发"的课程理念下,建构了"梦之π"课程模式,以实现"有爱有梦、有智有趣"的未来少年这个育人目标。

一、学校课程逻辑

为了实现育人目标,学校重构了"梦之π"课程逻辑架构(见图6-1)。

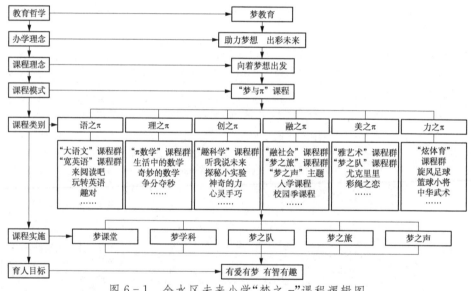

图6-1 金水区未来小学"梦之π"课程逻辑图

二、学校课程结构

根据"多元智能"理论,学校把课程分为六大类,具体结构如下,见图6-2。

三、学校课程设置

根据"梦之π"课程体系,结合学校课程资源情况,对课程内容体系进行了一至三年级的系统构建(见表6-2)。

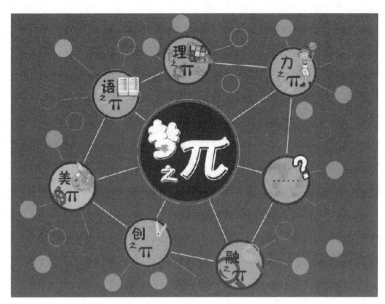

图 6-2　金水区未来小学"梦之 π"课程图谱

表 6-2　金水区未来小学课程设置表

课程\学期	融之 π 课程	创之 π 课程	美之 π 课程	语之 π 课程	理之 π 课程	力之 π 课程
一年级上学期	入学课程 入队课程 找朋友 校园之声	植物世界 花叶成趣 开心种植 为你而来	舞动未来 尤克里里 彩绳之恋 融·画 慧·美	诵诗读韵 邀约绘本 英语儿歌 单词达人	你加我减 趣味比拼 问来问趣 数学诗 未来校园	升旗手 足球小百科 一起来拍球
一年级下学期	我爱少先队 爱心代代传 习惯养成记 热爱大自然	走近动物 秀未来 为你而来	舞动未来 尤克里里 未来之声 彩绳之恋 融·画 慧·美	对来对趣 绘声绘色 欢快律动 自然拼读 趣味英语	有趣加减 趣味比拼 问来问趣 数学诗 分门别类	速度与激情 我是小球星 足球小将
二年级上学期	我爱国旗 社区是我家 警务直通车 我的班集体 我型我秀	水的秘密 大力水手 为你而来	舞动未来 尤克里里 未来之声 彩绳之恋 融·画 慧·美	来阅读吧 唐诗诵读 振振有词 英语绘本 朗读者	你乘我除 小小设计师 巧问妙答 数学诗 跳蚤市场	小小投掷手 快乐传接球 我是小球星 足球小子

(续表)

课程\学期	融之π课程	创之π课程	美之π课程	语之π课程	理之π课程	力之π课程
二年级下学期	走近熊耳河生命保护神家乡美公物的心声	神秘空气生命之源为你而来	舞动未来尤克里里未来之声彩绳之恋融·画慧·美	来阅读吧童言童语英语故事	乘除好玩角的奥秘巧问妙答数学诗时间小主人	脚下生风小小弹簧脚上的乐趣我是小球星
三年级上学期	讲红军故事发现美之旅喝懂中国茶规则朋友	小气象员气象观测为你而来	舞动未来尤克里里音乐日记彩绳之恋融·画慧·美	畅读未来童趣童对英语绘本影音赏析	奇思妙算眼疾手快有问必答秘密数学记我是小主人	翻滚吧少年篮球小将足球规则我是小球星
三年级下学期	春来校园梦想秀爱我中华寻找最美人	神奇的力创造"力"为你而来	舞动未来尤克里里音乐日记彩绳之恋融·画慧·美	来阅读吧书写未来读来读往小故事家赏析美文	数独之谜移图转形有问必答数学日记精打细算	中华武术绳舞飞扬旋风足球

第四部分　学校课程实施

　　课程的有效实施是实现育人目标的重要手段。为了达成"有爱有梦、有智有趣"的育人目标,学校通过建构"梦课堂""梦学科""梦之队""梦之旅""梦之声"等五大路径来落实课程,实现育人目标。

一、建构"梦课堂",有效落实学科基础课程

　　学校努力建设以学生为主体,有智慧、有趣味、有创意的新型"梦课堂",以课堂的转型助推课程的实施。

(一)"梦课堂"的界定

　　"梦课堂"是有温度的课堂。首先体现在老师目中有人,人文关怀,老师尊重孩子的主体性,关注学生多方面、多层次的需求;还体现在温馨、自然、平等、互信的学习环境,让学生在情意浓浓、爱意暖暖的课堂上轻松愉快地学习。

"梦课堂"是有律度的课堂。课堂规则的重要性不低于课堂内容的学习。良好的管理是教师顺利进行课堂教学活动的保证,又是培养孩子自觉遵守规则的途径和方法。"梦课堂"是有规则、有律度的课堂。孩子明规、守规,教学则轻松、顺利。

"梦课堂"是有深度的课堂。教师导之有方,学生学之有法。在教师的高效引导下,孩子的学习逐步走向深入,走向主动、积极的探究学习中,他们在与教材、与教师、与他人、与自我的深度对话中,逐步形成自己反思性、合作性、探究性的学习方式,让思维走向深度,让思考走向深度。

"梦课堂"是有广度的课堂。教材只是一个凭借,教学内容的无限宽广给孩子们无限的学习空间,无限的想象空间,无限的拓展空间。课堂的"广"必须与时俱进,注重学科内容的拓展,注重质疑思考的拓展,注重学习空间的拓展,这样无限宽广的课堂必会给飞向未来的孩子插上一双坚韧有力的翅膀。

(二)"梦课堂"的要素与操作

"梦",充满了憧憬,蕴含了期待,寄予了希望。"梦课堂",是一个助力梦想的空间,是一次情感碰撞的体验,是一种别出心裁的设计,是一场灵智结合的迸发。

助梦。目标简明扼要,课堂即为助力学生的梦想,成就学生的成长而服务。课堂聚焦培养学生的综合素养,提升他们的综合能力,为"未来"培养一代新人。因此,课堂操作上要求为学生创设适宜的学习氛围,充分发挥学生的主体地位,让他们喜欢学习,主动学习。

广博。时代的飞速前进,信息的瞬间更新,都给课堂提出了新的挑战。站在"未来"制高点的"梦课堂",学习内容与时俱进、与时代接轨,更是课堂一大亮点。操作上要求老师要用教材教,触类旁通,让学习与丰富的生活、广博的世界相通,让教室与多彩的社会、前进的时代相连。

多元。"梦课堂"的教学方式是灵活的、多元的。现代媒体和信息技术的巧妙借入,让课堂更生动、更有新意,更加聚焦学生的思考过程,更注重发现课堂上学生学习生长点,师生在智慧的碰撞中实现共同发展。"梦课堂"将课堂自主权还给学生,教师是引导者、参与者;倡导学生个性化、多样化学习,并通过自学、合作、探究,形成多元互动、共同成长的新型学习方式。

开放。"梦课堂"不是一个封闭的空间,也不是一个浅浅的水湾,而是无限开放的、尽情包容的,进而让课堂成为一处放飞思维、绽放思想的巨大舞台。正如,课堂上师生的互动、生生的互动、生本的互动,甚至学生与媒体的互动都是开放的、生成的、生动的。

融慧。"助力梦想,出彩未来"是学校的办学理念,"融"是学校的办学策略。学校将教学文化定位于"融慧",意在课堂是融智慧、通未来的。温度、律度、深度、广度的课堂必将为学生插上梦想的翅膀,让他们得益于课堂,受益终生,奔向精彩的未来。

(三)"梦课堂"的评价标准

"梦课堂"的设计与实施是否有效,需要通过评价来引导、诊断。根据"梦课堂"的要素与操作,学校制定了具体的评价细则(见表6-3)。

表6-3　金水区未来小学"梦课堂"教学评价表

教师姓名		授课时间		班级		评课教师		
学科		课题						评价
评价等级		优		良		合格		待努力
		完全达到		基本达到		部分达到		未达到
内容	评价项目	评价标准						
教学设计	目标 (助梦)	1. 目标紧扣核心素养、课标和学情,突出教材和学段特点,体现为梦助力。 2. 目标能将"三维目标"有机融合,表述清楚、具体,体现操作性和检测性。						
	内容 (广博)	1. 教学内容丰富、广博;主线清晰,重难点突出。 2. 教学结构安排合理,体现层次性、循序渐进。						
教学实施	方法 (多元)	1. 教师在教学中方法灵活,注重学法指导,体现学生主体地位。 2. 教师善于引导、鼓励学生质疑,培养学生的质疑能力。学生在课堂中敢于质疑,并表现出一定的质疑能力。 3. 教学聚焦学生的思考过程,发现课堂上学生学习生长点,师生在智慧的碰撞中实现共同发展。 4. 教学倡导学生个性化、多样化学习,通过自学、合作、探究,形成多元互动、共同成长的新型学习方式。						

（续表）

教师姓名		授课时间		班级		评课教师	
学科		课题				评价	
评价等级		优	良	合格	待努力		
		完全达到	基本达到	部分达到	未达到		
教学实施	过程（开放）	1. 用问题引领、指导学生学习，学习过程开放、自主。 2. 教师积极参与学生探究活动中，能兼顾到所有学生。 3. 学生参与学习态度积极、主动，参与面广，参与度深。 4. 教学过程中师生的互动、生生的互动、生本的互动，是开放的、生成的、生动的，师生的评价是客观的、积极的、开放的。					
	反馈（高效）	1. 课堂中学生自主练习时间有保证。 2. 练习内容设计体现层次和梯度。 3. 能通过练习反馈了解学生知识掌握、方法获得的情况。 4. 及时进行反馈，发现问题，解决问题。					

二、建设"梦学科"，高效实施学科拓展课程

在学科建设上，学校着力建设全方位、立体化的"梦学科"，基于学科课程进行延伸与拓展，注重学科整合的思维，打造具有学校特色的学科课程群，为课程的校本化实施探索了途径。

（一）"梦学科"的建设路径

学校努力建设特色学科课程群，丰富孩子的学习资源，拓宽孩子的学习渠道，无限延展孩子的课程学习。

1. "大语文"课程群

课程组依据课标、依托学情、依靠活动，开发丰富多样的语文课程。一年级上期从"诵诗读韵"和绘本阅读开始，逐步开发"对来对趣""趣味识字""童言童语""花儿与少年"等丰富多样的课程，让孩子们在课程中尽情领略祖国语言文字的无穷魅力，厚实自己的人生积淀，丰富自己的语言积累。除基础课程外，具体课程设置如下（见表6-4）。

表6-4 金水区未来小学"大语文"课程群设置表

年级	学期	课程类别	课程名称	课 程 内 容
一年级	上学期	阅读海	诵诗读韵	诗词诵读、拓展阅读。
		书写秀	小手写写	学习识字方法,练习描红习字。
		畅情说	小口说说	练习口语表达。
		妙笔写	手写我见	初步学习表达自己所见所闻所想。
		知行合	花儿与少年	学习简单的课本剧表演。
	下学期	阅读海	对来对趣	初步了解对联。
		书写秀	小手写写	进一步学习识字方法,练习习字。
		畅情说	绘声绘色	练习讲故事。
		妙笔写	手写我心	初步学习表达自己所见所闻所想。
		知行合	花儿与少年	学习简单的课本剧表演。
二年级	上学期	阅读海	来阅读吧	神话故事阅读,课外拓展阅读。
		书写秀	爱上写字	练习习字。
		畅情说	童言童语	学习口语表达。
		妙笔写	来写话吧	练习看图写话。
		知行合	"眼见为实"	生活中的语文。
	下学期	阅读海	对来对趣	进一步了解对联,练习词语对子。
		书写秀	爱上写字	练习习字。
		畅情说	童声童情	练习口语表达。
		妙笔写	来写话吧	练习情境写话。
		知行合	"眼见为实"	生活中的语文。
三年级	上学期	阅读海	来阅读吧	中国寓言故事阅读、拓展阅读。
		书写秀	书写未来	书法练习。
		畅情说	"未来"播报	练习播报新闻。
		妙笔写	未来作家	学习书面表达。
		知行合	走近"熊耳河"	寻找和熊耳河有关的故事。
	下学期	阅读海	对来对趣	进一步了解对联,练习简单对子。
		书写秀	书写未来	书法练习。
		畅情说	"未来"播报	练习播报新闻。
		妙笔写	未来文豪	学习书面表达。
		知行合	走近"熊耳河"	了解熊耳河的历史渊源。

2."π数学"课程群

"让数学紧密联系生活"是数学课程教研组的基本理念。课程组结合孩子年龄特点，紧扣课程标准要求，开发了"趣味大比拼""数学童话世界""巧问妙答""问来问趣""小小设计师""争分夺秒""奇思妙算"等既有学科特色又有趣味性的课程，让孩子们在生活中学数学、用数学、爱数学，提升数学学科素养，奠定扎实学科基础。除基础课程外，具体课程设置如下（见表6-5）。

表6-5 金水区未来小学"π数学"课程群设置表

年级	学期	课程名称	课程内容
一年级	上学期	你加我减	100以内加减法。
		趣味大比拼	在活动中掌握四类立体图形的特征并能够识别。
		问来问趣	借助故事情境解决有趣的数学问题。
		数学诗	数学绘本。
		未来的校园	综合实践活动。
	下学期	有趣的加减	100以内加减法。
		趣味大比拼	七巧板拼图形。
		问来问趣	借助故事情境解决有趣的数学问题。
		数学诗	数学绘本。
		分门别类	实际操作，获得活动经验。
二年级	上学期	你乘我除	1. 掌握万以内加减法和100以内的加减混合运算； 2. 认识乘除法和有余数的除法。
		小小设计师	在游戏过程中，感受平移现象。
		巧问妙答	借助故事情境解决有趣的数学问题。
		数学诗	数学绘本。
		跳蚤市场	旧物交换，运用人民币的知识。
	下学期	乘除好玩	1. 掌握万以内加减法和100以内的加减混合运算； 2. 认识乘除法和有余数的除法。
		角的奥秘	了解角的特征，掌握角的有关知识。
		巧问妙答	借助故事情境解决有趣的数学问题。
		数学诗	数学绘本。
		时间小主人	感受时间在生活中的运用。

（续表）

年级	学期	课程名称	课 程 内 容
三年级	上学期	奇思妙算	1. 掌握万以内的混合运算； 2. 会一位数乘除两三位数和两位数乘两位数的计算； 3. 掌握同分母分数(分母是 10)的加减运算。
		眼疾手快	搭一搭、摆一摆，从不同方向观察正方体，发展空间观念和想象能力。
		有问必答	借助故事情境解决有趣的数学问题。
		数学日记	在数学秘密日记当中学数学、用数学。
		我是主人	利用所学知识解决实际问题。
	下学期	数独之谜	1. 掌握万以内的混合运算； 2. 掌握一位数乘除两三位数和两位数乘两位数计算； 3. 掌握同分母分数(分母是 10)的加减运算。
		移图转形	在设计图案中感受图形变化。
		有问必答	借助故事情境解决有趣的数学问题。
		数学日记	在数学秘密日记当中学数学、用数学。
		小导游	利用所学知识解决实际问题。

3. "宽英语"课程群

英语课程组坚持"轻松快乐学英语"的原则，依托学情、紧扣课标，开发了一系列孩子喜欢、家长欢迎的英语课程，"启蒙儿歌""欢快律动""单词小达人""绘本赏析""影音赏析""小小故事家"等，让孩子们在丰富的英语课程中轻松学英语、快乐齐成长。除基础课程外，具体课程设置如下（见表 6 - 6）。

表 6 - 6　金水区未来小学"宽英语"课程群设置表

年级	学期	课程名称	课 程 内 容
一年级	上学期	启蒙儿歌	学习简单的英语儿歌。
		欢快律动	学习简单有节奏的英语律动。
	下学期	单词达人	通过游戏、竞争等多种方式增加词汇量。
		趣味游戏	通过游戏学习英语对话。
二年级	上学期	绘本赏析	赏析原音英语绘本。
		朗读大师	学习简单对话、故事的朗读。
	下学期	小歌手	学习和演唱英语儿歌，学习舞台表演。
		单词达人	学习单词记忆，增加英语词汇量。

（续表）

年级	学期	课程名称	课　程　内　容
三年级	上学期	影音赏析	欣赏经典原版英语影音视频。
		精彩故事	学习朗读简单的英语故事。
	下学期	听力比拼	能够听懂简单的英语短文。
		欢乐舞台	学习短剧、小故事、课本剧,学习舞台表演。

4."趣科学"课程群

"趣科学"课程群的开发顺应时代发展,紧跟时代脚步,课程组开发了"植物世界""走近动物""听我说未来(系列)""水的秘密""看不见的空气""小小气象员""神奇的力"等课程,充分激发学科学、爱科学的兴趣,养成动手、动脑的习惯,提升创新意识和创造能力。除基础课程外,具体课程设置如下(见表6-7)。

表6-7　金水区未来小学"趣科学"课程群设置表

年级	学期	课程名称	课　程　内　容
一年级	上学期	花叶成趣	观察植物的花和叶,了解花和叶的颜色、形状、结构等特点,制作植物标本和树叶粘贴画。
		水的秘密	认识水,通过与水相关的趣味实验掌握科学原理,了解水的特征。
		地球家园	了解地球的环境,地球和月球、太阳的关系,知道地球上的各种资源,树立环保意识。
		听我说未来	讲述已知的科学现象、前沿科技和科技热点等,展开头脑风暴,展望未来世界。
	下学期	缤纷植物	认识植物,了解各种植物的特点,知道植物生长所需条件,种植养护植物,观察记录植物生长过程。
		生命之源——水	了解水资源现状,调查生活中的水;学习节水办法,保护水资源。
		我爱四季	了解四季的特征和顺序变化,四季中动植物的变化,四季对人们活动的影响。
		变废为宝	调查、了解生活中的废旧物品,学会将垃圾分类,筛选出能够变废为宝的材料,进行废物回收和利用。
二年级	上学期	动物乐园	认识动物,了解其特征和生活习性;用各种材料制作动物模型;爱护动物,了解保护动物的行为。
		寻找空气	寻找空气,通过观察、实验,了解空气的特征,掌握相关科学知识。
		探秘太阳	了解太阳的特征,太阳与地球的关系,太阳对动植物和人的影响,知道太阳的作用。
		追梦空间	讲述、交流已知的科技,畅想未知的世界,进行创意设计和制作。

(续表)

年级	学期	课程名称	课 程 内 容
二年级	下学期	动物朋友	观察身边的动物,交流养护动物的经验,了解动物与人和环境的关系,进一步探索动物的生活习性和特殊本领;保护动物,和动物做朋友。
		生命之源——空气	通过实践调查和探究,认识空气的重要性,提高环保意识。
		探秘夜空	了解月相变化、星座知识,观察、绘制月相和星座图;知道月球与地球的关系。
		巧手工坊	利用已掌握的科学知识和生活经验,在生活中收集、筛选可用材料,根据自己的创意做成科技小制作。
三年级	上学期	水生动植物	了解水生动植物的种类和特点,观察常见的水生动植物,交流养护经验,制作生态瓶。
		神奇的"力"	寻找"力",展开"力"的相关实验探究,创意、制作与力有关的小玩具和科技小制作。
		小气象员1	了解各种天气现象的特点及成因,动手操作"风的形成""雨的形成"等相关的科学小实验;学会观察天气,记录天气状况。
		创意未来	讲述、交流已知的科技,畅想未知的世界,进行创意设计和制作。
	下学期	有趣的昆虫	了解昆虫的特点,通过观察分辨昆虫并产生研究它们的欲望。
		小工匠	认识常见工具并学会正确使用。
		小气象员2	学习气象知识,进行气象科普实验,掌握气象观测和记录的方法,收集气象信息,模拟气象播报。
		智慧小创客	展示科技特长,进行发明创新。

5. "雅艺术"课程群

"雅艺术"课程群的多彩课程有:"未来的礼物——尤克里里""舞动未来""彩绳之恋""融·画""慧·美""未来名角""音乐家养成记"等,课程内容丰富,具有强大吸引力和感染力。除基础课程外,具体课程设置如下(见表6-8)。

表6-8 金水区未来小学"雅艺术"课程群设置表

年级	学期	课程名称	课 程 内 容
一年级	上学期	舞动未来	舞蹈的热身以及基本功训练。
		未来的礼物——尤克里里	初步认识尤克里里。
		未来精灵	演唱歌曲并随音乐做简单律动。
		彩绳之恋	悦玩毛线——缠。

（续表）

年级	学期	课程名称	课　程　内　容
一年级	上学期	融·画	学习油画——花卉。
		慧·美	学习线描——动物。
	下学期	舞动未来	训练基本动作以及技巧。
		未来的礼物——尤克里里	尤克里里的调音。
		未来之声	学习发声方法及乐理基础知识。
		彩绳之恋	悦玩毛线——粘。
		融·画	学习油画——树。
		慧·美	学习线描——花。
二年级	上学期	舞动未来	少儿舞蹈动作组合。
		未来的礼物——尤克里里	认识音符、节奏。
		未来之声	欣赏优秀音乐作品及经典剧目。
		彩绳之恋	悦玩彩线——钩。
		融·画	学习油画——装饰画。
		慧·美	学习线描——树。
	下学期	舞动未来	少数民族舞蹈动作。
		未来的礼物——尤克里里	认识四线谱。
		未来之声	少数民族舞蹈动作；认识四线谱。
		彩绳之恋	学习悦玩彩线——绣。
		融·画	学习油画——动物。
		慧·美	学习线描——风景。
三年级	上学期	舞动未来	踢踏舞步组合。
		未来的礼物——尤克里里	节奏和乐谱的弹唱。
		音乐日记1	有感情地演唱歌曲。
		彩绳之恋	雅玩彩绳——编。
		融·画	学习油画——风景。
		慧·美	学习线描——人物。
	下学期	舞动未来	各种舞蹈的结合。
		未来的礼物——尤克里里	节奏和乐谱的弹唱。
		音乐日记2	二声部歌曲的演唱及创编歌曲。

（续表）

年级	学期	课程名称	课 程 内 容
三年级	下学期	彩绳之恋	雅玩彩绳——织。
		融·画	学习油画——人物。
		慧·美	学习线描——静物。

6.“炫体育”课程群

"炫体育"课程群的开发以"每天坚持锻炼,拥有健康未来"为原则,以学生健康成长为目标,让所有的孩子都积极主动地参与到体育锻炼中来,为一生的学习、工作奠定夯实的身体基础。"旋体育"课程群开发了"翻滚吧！少年""旋风足球（系列）""速度与激情""小小投掷手""足下生风""似水柔情""中华武术""绳舞飞扬"等多彩课程,让孩子们热爱体育运动,坚持参加体育锻炼活动,增强身体素质,逐步养成良好的锻炼习惯。除基础课程外,具体课程设置如下(见表6-9)。

表6-9　金水区未来小学"炫体育"课程群设置表

年级	学期	课程名称	课 程 内 容
一年级	上学期	我是国旗手	队列队形训练。
		似水柔情	柔韧练习。
		足球小百科	了解足球起源及发展历史。
		足球小达人	进行球性练习:跳踩球、颠球等动作。
	下学期	速度与激情	学习并练习快速跑相关技能。
		翻滚吧少年	学习前滚翻。
		我是小球迷	观看经典球赛(录像、集锦),激发兴趣。
		足球小将	进行球性练习:直线运球。
二年级	上学期	小小投掷手	学习投掷。
		快乐传接球	学习小篮球。
		足球小百科	了解足球起源及发展历史。
		足球小子	球性练习:拉拨、绕环、z字运球
	下学期	足下生风	练习立定跳远
		小小弹簧	学习跪跳起

(续表)

年级	学期	课程名称	课程内容
二年级	下学期	脚上的乐趣	足球技能训练，感受乐趣。
		我是小球星	球性练习：原地脚内侧踢地滚球。
三年级	上学期	翻滚吧！少年	学习后滚翻。
		篮球小将	学习运球、投篮。
		旋风足球之规则	观看球赛及规则解说，激发兴趣。
	下学期	中华武术	了解中华武术，学习武术技能和精神。
		绳舞飞扬	学习跳绳技能、技巧。
		旋风足球	技术提升：脚背内侧踢高球。

7."融社会"课程群

"融社会"课程群精心开发设计了"找朋友""校园之声""习惯养成记""热爱大自然""我的班集体""我型我秀""家乡美""公物的心声""说声'谢谢'""我和规则交朋友""爱我中华""生活不能没有他们"等课程，它们有层次、有梯度地对孩子进行行为习惯的培养和良好品格的建构。除基础课程外，具体课程设置如下（见表6-10）。

表6-10　金水区未来小学"融社会"课程群设置表

年级	学期	课程名称	课程内容
一年级	上学期	找朋友	学习交朋友的好处，懂得如何与朋友相处。
		校园之声	带领孩子熟悉校园里的各种号令。
	下学期	习惯养成记	好习惯的分享、生活细节、整洁卫生等。
		热爱大自然	走进大自然、观察大自然。
二年级	上学期	我的班集体	爱护班集体，会处理个人与班集体的关系。
		我型我秀	学会发现自己的特长，展示自我风采。
	下学期	家乡美	搜集家乡的风土人情变化。
		公物的心声	调查身边公物被破坏的情况，学会爱护公物。
三年级	上学期	说声"谢谢"	帮助别人、回馈社会、发现身边的美。
		规则朋友	明白规则有什么用，给自己定规则。
	下学期	爱我中华	了解、收集爱国故事，找典型、抓重点。
		感恩有您	热爱生活，热爱劳动，懂得尊重和感恩劳动者。

(二)"梦学科"评价要求

学科评价坚持多元化评价与个性化评价相结合,过程性评价与激励性评价相结合的原则,真正发挥评价引领的积极作用,发展学生个性,促进学生全面发展。具体评价维度如下:

1. 学科方案的适切度。从学科建设入手,评价建设方案是否紧扣课标,是否依托学情,是否能真正促进学生全面发展,是否是有层次、有梯度,循序渐进的。

2. 学科课程的丰富度。评价学科课程内容的设置和安排,要统筹规划,高瞻远瞩。课程内容是否丰富多样,是否能激发学生的参与学习兴趣,以及持续学习的兴趣,内容是否涵盖了学科的全方位,是否能全面提升学生的学科素养。

3. 学科教学的适宜度。对教学适宜度的评价,指向教师开发与实施课程的教育理念和能力、教学手段和方法以及由此达成的教学效果。教师的自我评价,应该是对自己的教育思想、教学方法、教学过程和效果进行的反思。通过评价与反思,促进教师的业务水平进一步提高。评价内容包括课程纲要、教学计划、教学进度、教学设计、考勤记录,教师能按计划完成规定课时和教学目标,能及时反思课程实践过程,及时总结经验,教学实际效果良好,学生成果内容丰富,形式多样,学生及家长反映良好。

4. 学科学习的参与度。课程实施过程中,注重学生在课程学习过程中的体验和表现。及时评价学生在过程中的参与程度、情感体验、努力程度等表现,并将其作为评价学生的依据之一。注重评价方式多元化、评价主体多元化、评价标准多元化,鼓励学生个性的自我表达方式。

5. 学科教研的活跃度。对每个学科教研进行评价,要综合考虑学科教研组的教研计划、教研进度、教研情况和教研效果,在课程实施中教研组能否根据实际情况进行及时教研和调整,使本学科的课程实施有序、顺利推进,教学效果良好。

三、创设"梦之队",做活做实社团课程

学校创新建设社团活动,让丰富的社团成为学生个人和团队成长的乐园,放飞梦想的沃土。

(一)"梦之队"社团课程

学校依据"助力梦想,出彩未来"的办学理念,开发实施丰富多彩的社团课程,具体设置如下(见表 6-11)。

表6-11 金水区未来小学"梦之队"社团课程设置表

社团名称	社团活动内容
小小编程猫	了解计算机编程,培养学生编程兴趣和思维。
未来小记者	放眼看世界,师生共同了解、评论国家及世界大事,学习撰写新闻信息,扩大孩子视野,培养综合能力。
小鬼当家	社团主张"在生活中体验,在体验中成长",通过学习简单的烹饪、缝纫、家电使用等丰富生活经验,获得探索和动手的乐趣和成就感,培养家庭责任感和孩子自理自立的能力。
未来文学社	学习积累生活中的素材,懂得写作是为了自我表达和与人交流,学习简单的记实作文、想象作文,学习读书笔记和常见应用文的写法,学习修改自己的习作,并与他人交换修改,做到用词准确、语句通顺。
未来之声	学习用科学的发声方法、正确的唱歌姿势、准确的音高节奏、合理的气息情感等进行唱歌,掌握一定的合唱技巧。在合唱训练中了解各种音乐知识,提高音乐素养,体验合作的快乐。
未来茶艺社	学习并掌握基本的泡茶技能,提高茶艺素养,初步掌握茶艺的初级技能,在认识茶器、茶叶的过程中,养成健康的饮茶习惯,培养孩子们对传统茶文化的热爱。
未来书法社	了解书法的基本知识,掌握正确的运笔、书写姿势,学习临帖,养成每日练字的习惯,感悟中国书法的博大精深,对书法艺术产生浓厚的兴趣。
舞动未来社	加强舞蹈基本功训练,掌握舞蹈基本动作,学会跳简单的舞蹈,能完成舞蹈独舞或者群舞,在学习过程中发现美、感悟美,初步领会舞蹈艺术的魅力。
旋风足球队	熟悉足球球性,掌握足球比赛训练的相关技巧,提高孩子们驾驭的足球能力,培养团队合作精神,提高团队凝聚力。
F.E乐队	学习乐器尤克里里的弹奏技巧,培养学生掌握一项乐器弹奏的能力,感受音乐带来的快乐,适度运用乐器表达自己的情绪和对音乐的感知。
	学习用pad演奏音乐,了解利用电子产品弹奏音乐的原理,并进行作品的演绎和编创。

(二)"梦之队"社团课程的评价

"梦之队"社团类型丰富,特色鲜明,社团的评价坚持过程性、灵活性、实践性相结合原则,从社团管理、活动情况、档案管理和获奖情况等方面进行评价。

1. 社团管理。社团组织机构健全,管理体制完善,机构设置合理,制定符合学生实际的社团建设实施方案。建立、健全并严格执行社团各项规章制度。社团人数适合,规模适度,成员资料档案齐全。社团活动空间固定,环境良好,活动空间有相应的文化建设。

2. 活动情况。能够有计划开展社团活动,组织有序、记录及时、完善。社团活动内容丰富,形式多样,体现实践性和综合性,有利于培养和锻炼学生多方面的能力,体现校园文化精神。社团活动取得良好的教育效果,在学生中有一定的影响。

3. 档案情况。社团档案资料整理及时、齐全、有序、规范。通过(电子)档案袋(册)的形式,期末进行展示,取长补短,年度末评比出有特色、设计精美、资料内容连续、记录完整(有团名、团成员、团宗旨、团方案、团计划、团总结、团活动内容及活动过程中的反思、需要的支持等),能够反映社团活动开展情况的档案。

4. 获奖情况。结合学校和各级组织的活动、比赛获奖情况进行综合评价。辅导教师的奖励与学校绩效考核进行对接,据不同级别,给予相应的加分奖励,同时学校提供平台,让优秀社团在家长会上进行展示,并提供外出演出展示的机会。

四、设计"梦之旅",落实研学课程实施落地

学校的研学课程突出实践、体验、感悟、成长的特性,通过多样的活动内容,生动的亲身实践,深刻的活动感悟,让孩子们在实践中体验,在体验中感悟,在感悟中成长。

(一)"梦之旅"研学课程设置

学校结合"梦教育"的教育哲学,围绕培养"有爱有梦、有智有趣"的未来少年的育人目标,设计开发了系列主题式研学旅行课程。学校整合多种资源,通过多种形式,拓宽课程实施途径,吸引优质家长资源为课程助力,让家长与孩子在课程中共成长。"梦之旅"研学课程具体课程设置如下(见表6-12)。

表6-12 金水区未来小学"梦之旅"研学课程设置表

活动名称	活动内容
走近熊耳河	全面、深入地了解熊耳河,了解熊耳河的建筑特点和景色特点,观察熊耳河畔的四季景色,感受熊耳河的魅力及它在郑州的特殊地位及历史价值。
茶香味正浓	走进唐人街茶城,了解茶文化,感受茶艺之美,赏味茶味之醇,激发学生热爱祖国传统茶文化的感情。
春风染新绿	走进大自然,了解各种植物,借助植树节开展种植活动,了解生物生长过程,发现生物生活、生长规律。
找寻郑州美	深入了解郑州的人文历史、山川景观、风土人情、民风民俗、美味美食等,找寻郑州的美,发现郑州的美,更加热爱家乡。
生命保护神	组织学生参观消防大队,以官兵们的坚强意志和团队精神激励同学们,培养爱祖国、爱家乡、爱人民的良好品质。

(续表)

活动名称	活动内容
警务直通车	派出所是一个纪律严明的单位,他们保一方平安的气概一直让同学们佩服。组织参观、慰问辖区派出所警务室,激发学生热爱家乡、爱学习、爱科学的热情。培养良好的文明行为习惯。勇敢顽强的优良品质。
社区是我家	由大队部、各中队、小队组织队员去社区参加义务劳动。打扫卫生,培养队员热爱劳动、热爱社区的思想感情。增强环保意识。
爱心代代传	敬老院是国家的福利单位,利用节假日由校外辅导员组织学生到敬老院或者福利院参观、打扫卫生,慰抚老人,陪伴福利院小朋友,让学生们懂得尊老爱幼是中华民族的传统美德。
梦想秀	通过近距离观察、体验各种职业,了解各行各业的人的工作,从小树立正确的职业观,对未来发展方向有初步的认识,有自己的职业梦想。

(二)"梦之旅"研学课程的评价要求

"梦之旅"研学课程评价坚持注重过程、注重体验、注重效果、注重收获,真正让学生旅中尽兴、行中收获、学中成长。

1. 系统的课程设计。课程设计是指对某一门课程的整体规划与设计,"梦之旅"研学课程设计时就应有教学目标、教学内容、评价方式等内容。评价要首先对课程的设计是否合理、是否适切进行整体评价。

2. 充分的课程准备。因为"梦之旅"研学课程的特殊性,每次课程要对准备工作进行考量和评价。准备工作不仅仅是简单的物品准备,而要全面考虑,统筹安排,包括孩子的物品准备、思想准备和心理准备,教师的计划、实施、过程预测、紧急预案等准备。

3. 精致的课程实施。评价课程的实施,要看教师是否将关注的视角指向孩子获得结果和体验的过程,而不过分强调结果的科学性与合理性,注重孩子在活动过程中的表现。教师可以通过观察,采用即时评语的方式记录孩子在"梦之旅"研学课程过程中的行为、情绪情感、参与程度、努力程度等表现,并将其作为评价的标准。

4. 丰富的课程体验。"梦之旅"研学课程注重的是在实践中体验,在体验中感悟,因此课程体验的评价显得尤为重要。课程鼓励并尊重孩子具有个性的自我表达方式:演讲、绘画、写作、表演、制作等。在教师对活动做出评价的同时,通过讨论、协商、交流等方式引导孩子进行自我评价、相互评价。鼓励孩子自觉记录活动过程,特别是重要的细节,投入对问题的讨论、对成果的分享及思考中,主动分析自己的利弊得失,逐步完善自己的行动,拓宽自己的视野,达到自我反思、自我改进的目的。

五、创设"梦之声",落实主题教育课程

学校创设的"梦之声"主题教育课程,内容丰富多彩,形式别具一格,为培养"有爱有梦、有智有趣"的未来孩子提供了绝好的资源和平台,孩子们在一个个主题教育课程中,完善着自我,提升着自我,为梦想立身,为梦想助力。

(一)"梦之声"主题教育课程设置

结合学校的育人目标,设计开发了"梦之声"主题教育课程。学校结合"校园空间""入学""节日""安全"等主题,充分利用多种资源,通过学生喜闻乐见的形式,让他们在多彩的主题教育活动中得到锻炼和成长。"梦之声"主题教育课程具体课程设置如下(表 6-13)。

表 6-13 金水区未来小学"梦之声"主题教育课程设置表

主题教育类别	课程名称	课程内容及目标
空间课程	我们的地盘	了解学校阅读开放空间、教室、墙壁玩具等设计意图,并积极投身使用。
	邀约建筑师	了解建筑设计师的职业特点、设计建筑理念,对不同风格建筑产生兴趣,并愿意主动去探究。
	Cosplay 空间	以主人姿态参与学校空间文化设计,会利用学校空间设计活动,拿出方案,以独有的形式展示。
入学课程	爱你,未来!	熟悉校园环境设施及人,消除陌生感,尽快融入小学生活。
	未来邮局	亲子活动"大手小手绘未来"通过孩子的说、写、想象、绘画、手工等多种表现形式,表达自己入学的想法、愿望,对校园环境的好奇疑问,更可以分享自己的小秘密,并把它投进未来邮局,合影留念。
	未来信约	家委会负责人传经送宝,通过发放"未来信约",传递家校携手的重要性。
	丹若伴行	在学生熟悉学校环境后,向学生解读学校的校训、校树等基本理念,从入学伊始就树立起的自理、自立的意识,在活动中体验成长的快乐。
	我爱我家	通过行为习惯的课堂教育和课下实践活动相结合的形式,让新生进一步熟悉学校生活,熟悉学校规则,热爱自己的学校,用实际行动,践行校训。
	你好,未来!	用自己的方式表达对学校的喜爱和对小学生活的向往。

(续表)

主题教育类别	课程名称	课程内容及目标
安全教育课程	防溺水	提高学生安全意识,学习溺水安全的有关知识。
	防踩踏	通过相关案例,使学生认识到踩踏事故的严重性,了解遭遇踩踏事故时自我保护的方法,防止拥挤踩踏事故的发生。
	文明出行	认识各种交通信号、标志和标线的作用,了解有关的交通法规,懂得应自觉遵守交通法规;体会从事交通运输业人们的辛勤劳动,了解交通事业的重要性,培养学生尊重他人劳动,文明交通,爱护交通设施的意识。
	慧眼识真	通过生活中发生的被拐骗案例,引起同学们对防拐骗防诱拐的重视,使同学们了解一些基本的防拐骗防诱拐知识和被拐骗后的自我解救方法。
	地震逃生	通过演习,训练教师和学生在地震的状况下根据学校的环境有序地通过安全疏散通道;教育学生遇到地震时能听从老师的指挥,做出基本的自救行为。
节日课程	知行元宵节	了解、体验、感受元宵节的风俗习惯,尊重和热爱民族传统文化。
	知行清明节	了解清明节文化习俗,了解烈士感人事迹,懂得幸福来之不易,珍惜幸福生活。
	知行端午节	了解端午节的由来和习俗,知道庆祝活动及含义。
	知行中秋节	了解中秋节的名称、起源及风俗,体会家庭生活甜美的幸福。
	知行重阳节	了解重阳节的来历和习俗,培养关爱老人的优秀品质。
	知行校生日	了解学校生日来历、建校史及变化,培养爱校情感,见证与学校同成长。
校园季课程	三月助人季	帮助别人,快乐自己。
	四月感恩季	感恩亲人,幸福成长。
	六月游戏季	快乐游戏,幸福童年。
	九月开学季	开心学习,放飞梦想。
	十月爱国季	热爱家乡,热爱祖国。
红色教育课程	我爱少先队	了解少先队,为入队做准备。
	我爱国旗	了解国旗,更加热爱祖国。
	讲红军故事	通过讲故事回忆难忘历史,更加珍惜生活。

(二)"梦之声"主题教育课程的评价要求

"梦之声"主题教育课程主题丰富多彩,形式缤纷多样,在评价上从主题确定、内容适宜、形式新颖、实施过程、课程效果等方面进行评价。

1. 主题鲜明。根据学生身心发展和实际情况确定主题,主题鲜明、立意新颖、寓意深刻,具有时代性、科学性、针对性、实效性和教育性。

2. 内容贴切。主题教育课程内容贴近社会现实、贴近学生实际生活、遵循学生身心发展规律,能让学生有认识,有感悟,自我教育能力得到增强,能促进学生身心健康发展。内容有层次,突出重点,目标明确,有鲜明的导向性和时代性,有助于学生正确的情感态度价值观树立。

3. 实施高效。课程实施情境设计合理,操作性强,设置拓展性、开放性的,能给以学生思考空间的问题,来引导学生自我体验和感悟;面向全体学生,关注学生的个性和差异,注重培养学生的实践能力,教育作用明显;活动设计有特色、有创意,体现主题教育课程的实践性、自主性、综合性、创造性和趣味性;过程体现师生互动,体现学生的参与度和参与面。

4. 形式多样。形式新颖、独特、多样,让学生充分展示自我,注重学生的感悟和体验,重视活动的群体性,能通过生动、活泼、有效的活动形式吸引学生,教育学生。

5. 效果显著。课程效果明显,教师和学生通过课程都有收获和提高,树立正确的情感态度价值观,真正有所得,有所获。

教育哲学"梦教育"指导着学校的教育实践,成为我校"助力梦想,出彩未来"办学理念的引领。办学理念既透视出学校教育的核心价值观,又引领着我们的育人目标。我们通过建构"梦课堂""梦学科""梦之队""梦之旅""梦之声"等五大路径来落实课程,努力培养"有爱有梦、有智有趣"的未来少年!

(撰稿人:李艳艳　柳莉萍　周丽军)

后 记

　　"让生命更加灿烂",是金水区课程建设之理念。"为每一位学生提供适切的课程,助力每一位学生成为最好的自己"是我们实现教育追求和育人目标的出发点。成尚荣先生说,课程是在不断的追问中前进的。回想金水区课程建设的历程,确是一个不断提出问题、不断解决问题的推进历程。问题促进着学习,学习伴随着思考,思考引领着实践,实践催生着问题,在这样的过程中,金水区学校课程建设不断前行,取得了可喜的成绩。

　　我们致力于构建多元、开放、富有活力的课程体系。学校依据教育哲学、办学理念、育人目标对学校课程目标、课程内容、课程结构、课程设置、课程实施进行全面、合理、科学的规划。以课程规划为切入口,以发展学生核心素养为目标,以遵循教育规律为基本原则,实施基于标准的课程整合和基于特色的课程开发,推进国家课程的校本化实施,营造学生乐学、求学的课程氛围,让每一个学生都能在立体、多元、多样化的课程中找到学习兴趣点和能力增长点。

　　我们致力于课程品质的不断提升。课程是核心素养落地的载体,不断提升课程品质是金水区持续坚持的工作重点。发展学生的潜能要靠课程做支撑。每个孩子都有自己的潜能,教师能做的就是营造环境,用具有想象力的优秀课程对孩子们加以引导,使其好学乐学。我们举行校本课程基地研究成果及优秀课程设计展示研讨活动,不断提升课程品质,使得一些课程成为学校课程品牌。

　　我们致力于探索课程有效实施的方式与途径。学校课程价值的实现只有通过课堂上师生共同参与的活动的实施才能够落实。课程实施也是课程再造的过程,课程再造的路径是把"教"转化为"学",再把"学"转化为"玩"。在课程实施中,我们关注的是学生学习方式的变化与学习能力的提升,强调的是学生的合作探究、体验感悟、理解与应用;关注的是课堂上师生的互动与对话,强调的是学生核心素养的培育与发展。在"学与教"的活动中,教师成为学习活动的支持者、合作者、组织者、参与者、引领者,学生成为学习活动的探索者、发现者、展示者、收获者,学生在真实的问题情景、真实的探究活动、真实的学习实践、真实的解决问题过程中获得真正的成长。

我们致力于具有学校特色的课堂文化建设。"在课堂教学的诸多要素中,学生的发展是我们的出发点和立足点。研究学生是研究课程、研究学材之基。"研究学生,使课堂从过度关注形式、结论,转到更加关注实质、过程上来,从而促进学校课堂文化内涵得以不断深化。课前研究学生,着眼学习方式的深化和细化;课中研究学生,着眼学习方式的活化和实化;课后研究学生,着眼学习方式的反思和内化。课堂文化建设让学校课堂教学质量持续提高,教师的课堂教学能力不断提升,全区课堂文化形态更加富有活力。

金水区的课程建设走过了一个"行动——唤醒——坚持"的历程,时光见证着我们的变化与成长。《品牌培育与学校课程》一书便是学校课程规划建设的研究成果,介绍了品牌定位、精神凝练、愿景描绘、特色培植、活动凸显、面向未来六个方面对学校课程发展的助力,从而推动学校的品牌发展。这份成果并不完美,却见证了我们越来越好的成长历程。在课程建设的路上,一个个自由、独立的教育者在此成长、绽放,在课程的孕育和激发之下,成就了一树一树的花开!

感谢金水区教育体育局搭建的学习平台,感谢上海市教科院杨四耕教授专家团队的指导与引领,感谢学校和老师们的不懈坚持与努力!

郑州市金水区教育发展研究中心　张燕丽

写于 2019 年 4 月

学校课程深度变革丛书

进入学科深处的六个秘密	978 - 7 - 5675 - 5810 - 6	28.00	2016 年 12 月
新美课程:演绎生命之诗	978 - 7 - 5675 - 7552 - 3	48.00	2018 年 5 月
跨界学习:学校课程变革的新取向	978 - 7 - 5675 - 7612 - 4	34.00	2018 年 6 月
以学习为中心的课程实施	978 - 7 - 5675 - 7817 - 3	48.00	2018 年 8 月
聚焦学习的课程评估:L‐ADDER 课程评估工具与应用			
	978 - 7 - 5675 - 7919 - 4	40.00	2018 年 11 月
学科核心素养与学科课程群	978 - 7 - 5675 - 8339 - 9	48.00	2019 年 1 月
大风车课程:童趣与想象	978 - 7 - 5675 - 8674 - 1	38.00	2019 年 3 月
蒲公英课程：综合实践活动课程的校本创意与深度			
	978 - 7 - 5675 - 8673 - 4	52.00	2019 年 3 月
MY 课程:叩响儿童心灵	978 - 7 - 5675 - 7974 - 3	39.00	2018 年 10 月
课程实施的 10 种模式	978 - 7 - 5675 - 8328 - 3	45.00	2019 年 1 月
聚焦式课程变革:制度设计与深度推进	978 - 7 - 5675 - 8846 - 2	36.00	2019 年 4 月
以素养为核心的学科课程图谱	978 - 7 - 5675 - 9041 - 0	58.00	2019 年 4 月
全经验课程:在地文化与实践演绎	978 - 7 - 5675 - 8957 - 5	54.00	2019 年 6 月

课堂教学转型丛书

上一堂灵魂渗着香的课	978 - 7 - 5675 - 3675 - 3	36.00	2015 年 8 月
把课堂打造成梦的样子	978 - 7 - 5675 - 3645 - 6	26.00	2015 年 8 月
整个世界都是教室	978 - 7 - 5675 - 5007 - 0	22.00	2016 年 6 月
寻找课堂教学的文化基因	978 - 7 - 5675 - 5005 - 6	22.00	2016 年 5 月
课堂是一种态度	978 - 7 - 5675 - 3871 - 9	28.00	2015 年 10 月

给孩子最美好的东西　　　　　　　978 - 7 - 5675 - 4200 - 6　30.00　2015 年 11 月

把每一个孩子深深吸引　　　　　　978 - 7 - 5675 - 4150 - 4　24.00　2016 年 1 月

每一间教室都有梦　　　　　　　　978 - 7 - 5675 - 4029 - 3　30.00　2015 年 10 月

课堂,可以春暖花开　　　　　　　978 - 7 - 5675 - 3676 - 0　24.00　2015 年 10 月

课堂,与美相遇的地方　　　　　　978 - 7 - 5675 - 5836 - 6　24.00　2017 年 1 月

赴一场思想的盛宴　　　　　　　　978 - 7 - 5675 - 5838 - 0　28.00　2017 年 1 月

突破平面学习:神奇的"南苑学习单"　978 - 7 - 5675 - 5825 - 0　29.00　2017 年 1 月

让学习看得见:"226"教改实验研究　978 - 7 - 5675 - 6214 - 1　32.00　2017 年 4 月

每一种意见都很重要:"责任课堂"的维度与操作

　　　　　　　　　　　　　　　　978 - 7 - 5675 - 6216 - 5　30.00　2017 年 4 月

品质课程丛书

活跃的课程图景　　　　　　　　　978 - 7 - 5675 - 6941 - 6　42.00　2017 年 11 月

课程情愫:学校课程发展的另类维度　978 - 7 - 5675 - 7014 - 6　42.00　2017 年 11 月

突破大杂烩:有逻辑的学校课程变革　978 - 7 - 5675 - 6998 - 0　52.00　2017 年 11 月

课程群:学习的深度聚焦　　　　　978 - 7 - 5675 - 6981 - 2　45.00　2017 年 11 月

嵌入式课程:特色课程的路径和方略　978 - 7 - 5675 - 6947 - 8　42.00　2017 年 11 月

课堂教学新样态

一百个孩子,一百个世界:基于差异的教学变革

　　　　　　　　　　　　　　　　978 - 7 - 5675 - 6810 - 5　32.00　2017 年 10 月

让课堂洋溢生命感:L - O - V - E 教学法的精彩演绎

　　　　　　　　　　　　　　　　978 - 7 - 5675 - 6977 - 5　32.00　2017 年 11 月

课堂如诗:"雅美课堂"的姿态　　　978 - 7 - 5675 - 7219 - 5　36.00　2018 年 3 月

特色学校聚焦丛书

华东师范大学出版社
天猫旗舰店

华东师范大学出版社
官方微信

门市邮购电话:021 - 6286 9887 6173 0308

淘宝商城旗舰店:http://hdsdcbs. tmall. com

微信:华东师范大学出版社(ecnupress)

电子书目下载地址:www. ecnupress. com. cn